who?

글 오영석

어린이들이 재미있고 신나게 읽을 수 있는 책을 쓰기 위해 노력하는 작가입니다. 나와 똑같이 고민하고, 실패했던 위인들의 이야기를 통해 독자들도 '할 수 있다'는 마음을 가지길 바랍니다. 《세계사 한국사》, 《과학교과 주제 탐구Q, 몸》, 《걸어서 세계 속으로 / 일본 편》을 비롯하여 웹툰 『독고』, 『통』, 『레드소드』, 『전장의 시』 등의 작품을 썼으며 2011대한민국 스토리 공모 대전 우수상을 수상하였습니다.

그림 툰쟁이

어린이들이 소중히 간직할 작품을 만들기 위해 열정을 쏟고 있는 학습 만화 창작 팀입니다. 툰쟁이는 어린이들에게 꿈과 희망을 주는 유익한 학습 만화를 그리기 위해 노력하고 있습니다.

감수 경기초등사회과연구회
진로 탐색 감수 이랑(한국고용정보원 전임연구원)
추천 송인섭(숙명 여자 대학교 명예 교수)

앙겔라 메르켈

개정판 1쇄 인쇄 2024년 11월 11일
개정판 1쇄 발행 2025년 1월 1일

글 오영석 **그림** 툰쟁이

펴낸이 김선식
펴낸곳 다산북스

부사장 김은영
어린이사업부총괄이사 이유남
책임편집 박세미 **디자인** 김은지 **책임마케터** 김희연
어린이콘텐츠사업1팀장 박정민 **어린이콘텐츠사업1팀** 김은지 박세미 강푸른
마케팅본부장 권장규 **마케팅3팀** 최민용 안호성 박상준 김희연
편집관리팀 조세현 김호주 백설희 **저작권팀** 이슬 윤제희 **제휴홍보팀** 류승은 문윤정 이예주
재무관리팀 하미선 김재경 임혜정 이슬기 김주영 오지수
인사총무팀 강미숙 이정환 김혜진 황종원
제작관리팀 이소현 김소영 김진경 최완규 이지우 박예찬
물류관리팀 김형기 김선민 주정훈 김선진 한유현 전태연 양문현 이민운

출판등록 2005년 12월 23일 제313-2005-00277호
주소 경기도 파주시 회동길 490
전화 02-704-1724 **팩스** 02-703-2219
다산어린이 카페 cafe.naver.com/dasankids **다산어린이 블로그** blog.naver.com/stdasan
종이 신승INC **인쇄** 북토리 **코팅 및 후가공** 평창피앤지 **제본** 대원바인더리

ISBN 979-11-306-5811-7 14990

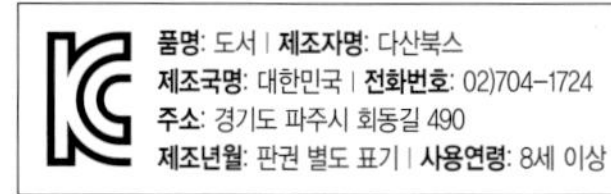

※ KC마크는 이 제품이 공통안전기준에 적합하였음을 의미합니다.

앙겔라 메르켈

Angela Merkel

다산
어린이

추천의 글

자신만의 멘토를 만날 수 있는 who? 시리즈

다산어린이의 〈who?〉 시리즈는 어린이들은 물론 어른들에게도 재미와 감동을 주는 교양 만화입니다. 〈who?〉 시리즈는 전 세계 인류에 영향력을 끼친 인물들로 구성되었으며 인물들의 삶과 사상을 객관적으로 전해 줍니다.

이처럼 다양한 나라와 분야에서 활약한 위인들의 이야기를 통해 과학, 예술, 정치, 사상에 관한 정보는 물론이고, 나라별 문화와 역사까지 배우게 될 것입니다. 〈who?〉 시리즈의 가장 큰 장점은 위인들이 그들의 삶에서 겪은 기쁨과 슬픔, 좌절과 시련, 감동을 어린이들이 함께 느낄 수 있다는 것입니다. 어린이들은 이 책을 읽으면서 폭넓은 감수성을 함양하게 됩니다.

〈who?〉 시리즈의 어린이 독자들이 책 속의 위인들을 통해 자신만의 멘토를 만나 미래의 세계적인 리더로 성장하기를 진심으로 응원합니다.

존 덩컨 미국 UCLA 동아시아학부 교수

존 덩컨(John B. Duncan) 교수는 한국학 분야의 세계적인 석학으로 미국 UCLA 한국학 연구소 소장 및 동 대학의 동아시아학부 교수를 겸직하고 있습니다. 하버드 대학교 교환 교수와 고려 대학교 해외 교육 프로그램 연구센터장을 역임했으며, 주요 저서로는 《조선 왕조의 기원》, 《조선 왕조의 시민 행정의 제도적 기초》 등이 있습니다.

세상을 더 나은 곳으로 만든 사람들의 이야기

어린이들은 자라면서 수많은 궁금증을 가지게 됩니다. 그중에서도 "저 사람은 누굴까?"라는 질문은 종종 아이들의 머릿속을 온통 지배해 버리기도 합니다. 다산어린이에서 출간된 〈who?〉 시리즈는 그런 궁금증을 해결해 주기 위해 지구촌 다양한 분야의 리더들을 소개하고 있습니다.

〈who?〉 시리즈에 등장하는 인물들은 인종과 성별을 넘어 세상을 더 나은 곳으로 만든 사람들입니다. 어린이들은 이 책에서 디지털 아이콘으로 불리는 스티브 잡스는 물론 니콜라 테슬라와 같은 천재 발명가를 만날 수 있습니다.

책 속 주인공들의 어린 시절 이야기를 통해 기쁨과 슬픔, 도전과 성취감을 함께 맛보고, 그들과 함께 성장하면서 스스로 창조적이고 인류에 도움이 되는 사람이 되겠다는 포부와 자신감을 갖게 될 것입니다.

〈who?〉 시리즈 속에서 다채롭고 생동감 넘치는 위인들의 이야기를 만나 보세요.

에드워드 슐츠 하와이 주립 대학교 언어학부 교수

에드워드 슐츠(Edward J. Shultz) 하와이 주립 대학교 언어학부 교수는 동 대학의 한국학센터 한국학 편집장을 역임한 세계적인 석학입니다. 평화봉사단 활동의 하나로 한국에서 영어 교사로 근무한 경험이 있으며, 현재 한국과 미국, 일본을 오가며 활발한 활동을 펼치고 있습니다. 저서로는 《중세 한국의 학자와 군사령관》, 《김부식과 삼국사기》 등이 있고, 한국 중세사와 정치에 대한 다수의 기고문을 출간했습니다.

미래 설계의 힘을 얻는 길이 여기에 있습니다

어린이가 성장하는 시기에는 스스로 미래를 설계하며 다양한 책을 접하는 경험이 필요합니다.

어린 시절 만난 한 권의 책이 인생에 미치는 영향이 얼마나 큰지는 꿈을 이룬 사람들의 말을 통해서 알 수 있습니다. 빌 게이츠는 오늘날 자신을 만든 것은 동네의 작은 도서관이었다고 말하고, 오프라 윈프리는 어린 시절 유일한 친구는 책이었음을 고백하며 독서의 중요성에 대해 이야기합니다.

꿈을 이룬 사람들의 공통점은 또 있습니다. 그들에게는 어린 시절, 마음속에 품은 롤 모델이 있었습니다. 여러분의 롤 모델은 누구인가요? 〈who?〉 시리즈에서는 현재 우리 어린이들이 가장 닮고 싶어하는 롤 모델을 만날 수 있습니다. 버락 오바마, 빌 게이츠, 조앤 롤링, 스티브 잡스 등 세상을 바꾼 사람들의 감동적인 이야기를 담은 〈who?〉 시리즈는 어린이들이 구체적인 목표를 설정하고 희망찬 비전을 세울 수 있도록 도와줄 친구이면서 안내자입니다. 〈who?〉 시리즈를 통하여 자신의 인생 모델을 찾고 미래 설계의 힘을 얻을 수 있습니다.

송인섭 숙명 여자 대학교 명예 교수

숙명 여자 대학교 명예 교수이자 한국영재교육학회 회장으로 자기주도학습 분야의 최고 권위자입니다. 한국교육심리연구회 회장, 한국교육평가학회장, 한국영재연구원 원장을 역임했습니다. 자기주도학습과 영재 교육의 이론을 실제 교육 현장에 적용하기 위해 노력하고 있습니다.

평생을 이끌어 줄
최고의 멘토를 만날 수 있는 책

10대에 가장 중요한 것은 무엇일까요? 학과 공부와 입시일까요? 우리나라 최초의 국제회의 통역사로 30년 동안 활동하면서 글로벌 리더들을 만날 기회가 수없이 많았던 저는 대한민국의 초등학생들에게 특별한 조언을 해 주고 싶습니다. 그것은 큰 꿈을 가지는 것이 무엇보다 중요하다는 것입니다.

꿈은 힘들고 지칠 때 나를 이끌어 주는 힘이고 내 인생의 주인이 되어 일어설 수 있게 하는 원동력이 되어 줍니다. 꿈이 있는 아이가 공부도 잘하고 결국 그 꿈을 실현할 수 있게 되는 것입니다. 저 역시 어린 시절 품었던 꿈이 지금의 자리에 있게 한 원동력이었습니다. 남들이 모르는 큰 꿈을 마음속에 간직하고 있었기에 괴롭고 힘들어도 포기하지 않고 다시 일어설 수 있었습니다.

어린 시절 저에게도 힘들고 지칠 때마다 용기를 불어넣어 주고 힘이 되어 주었던 분들이 있었습니다. 지금의 자리로 저를 이끌어 준 멘토들처럼 〈who?〉 시리즈에서 여러분의 친구이자 형제, 선생이 되어 줄 멘토를 만날 수 있기를 바랍니다.

최정화 한국 외국어 대학교 교수

우리나라 최초의 국제회의 통역사로 현재 한국 외국어 대학교 통번역대학원 교수로 재직 중입니다. 세계 무대에서 자신의 꿈을 이룬 여성 신화의 주인공으로, 역시 세계에서 꿈을 펼치려고 하는 청소년들에게 멘토로서의 역할을 충실히 하고 있습니다. 저서로는 《외국어 내 아이도 잘할 수 있다》, 《외국어를 알면 세계가 좁다》, 《국제회의 통역사 되는 길》 등이 있습니다.

차례

Angela Merkel

- 이름: 앙겔라 메르켈
- 생몰년: 1954년~
- 국적: 독일
- 직업·활동 분야: 정치 · 물리학
- 주요 업적: 독일 총리 4번 연임, 《포브스》 가장 영향력 있는 여성 100인, 미국 《타임》 올해의 인물, 미국 자유 메달 훈장 수상

앙겔라 메르켈

앙겔라 메르켈은 독일이 동서로 나뉘어 있던 시절, 서독에서 태어나 동독에서 성장했어요. 가족으로부터 서독의 자유로움을 느꼈던 앙겔라는 성장한 후 동독의 사회주의 체제에 반발합니다. 하지만 곧 좌절감을 맛보고 평범한 물리학자로 살아가지요. 이런 앙겔라는 어떻게 독일 최초의 여성 총리이자 유럽에서 가장 영향력 있는 정치인이 되었을까요?

호스트 카스너

개신교 목사였던 앙겔라의 아버지는 서독에서 살고 있었지만 목회 활동을 위해 가족을 데리고 동독으로 이주합니다. 종교를 탄압하던 동독 정부로 인해 늘 어려움 속에서 바쁜 생활을 하여 자녀들 곁에 있을 수 없었는데, 이러한 상황은 앙겔라에게 자립심과 독립심을 키워 주는 요인이 되었습니다.

헬무트 콜

서독의 마지막 총리이자 통일 독일의 첫 번째 총리입니다. 동독과 서독의 통일을 이끈 뒤 정치 신인이었던 앙겔라를 초대 내각의 장관으로 임명했습니다. 앙겔라에게 '콜의 양녀'라는 별명이 붙을 정도로 앙겔라를 믿고 이끌어 주었지만, 선거 패배로 총리직에서 물러났습니다. 그 후 부정부패가 드러나 정계를 떠났습니다.

들어가는 말

- 뛰어난 리더십으로 독일의 화합을 이끌며 네 번 연속 독일의 총리를 맡고 있는 세계적인 정치인 앙겔라 메르켈에 대해 알아봐요.
- 앙겔라 메르켈의 고향인 독일의 역사와 주요 인물, 랜드마크를 살펴봅시다.
- 우리나라 정치 체제에서 총리가 하는 일에 대해 알아봐요.

1 동독으로 간 아버지

1954년 7월 17일, 서독 함부르크의 작은 마을. 목사인 카스너와 헤를린트 사이에서 한 여자아이가 태어났습니다. 이 아이가 앙겔라 카스너입니다.
앙겔라, 이걸 보렴?
꺄르르

앙겔라가
잘 노네.

밤이 깊었어요.

그러게……
오늘 밤은 꽤나 길군요.
후우

정말로 동독으로
들어갈 거예요?
동독의 목회자들은
자유를 찾아
서독으로 넘어오고 있는데
반대로 동독으로
들어가겠다니요?

난 목회자요. 목회자로서 동독에서 종교가 사라지는 걸 두고 볼 수만은 없어요. 그것이 위험한 길이라 해도 옳은 길이면 가야 하오.

그렇다고 해도 너무 위험해요.

헤를린트, 걱정하는 마음은 알겠어요.
탁

하지만 나라가 강제로 종교를 없애는 것과 개인이 종교를 갖지 않는 것은 달라요. 동독은 종교의 자유를 침해하고 있어요.
동독 사람들에게 단순히 신의 말씀을 전하려는 게 아니에요. 정부에 의해 탄압받는 걸 막으려는 거요.

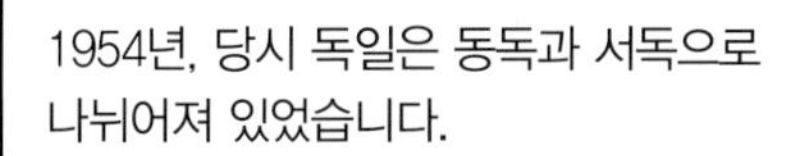
1954년, 당시 독일은 동독과 서독으로 나뉘어져 있었습니다.

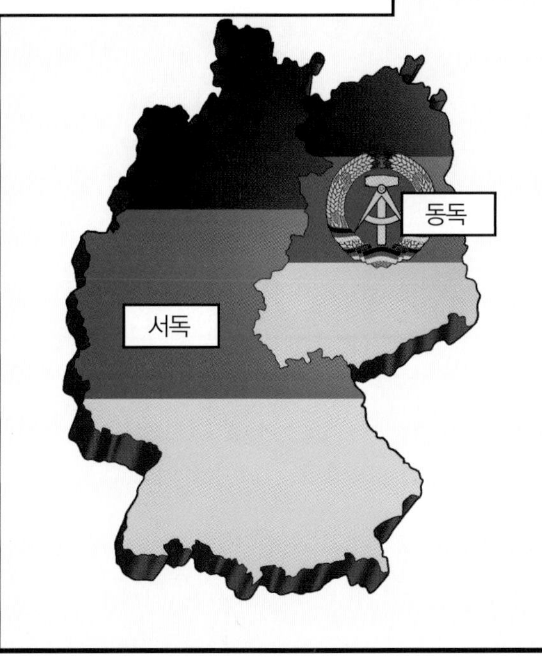
동독
서독

1945년 제2차 세계 대전이 끝난 이후 승전국인 미국, 영국, 프랑스, 소련이 독일 관리 이사회를 결성해 패전국인 독일을 네 구역으로 나누어 통치했습니다.
영국
소련
미국
프랑스

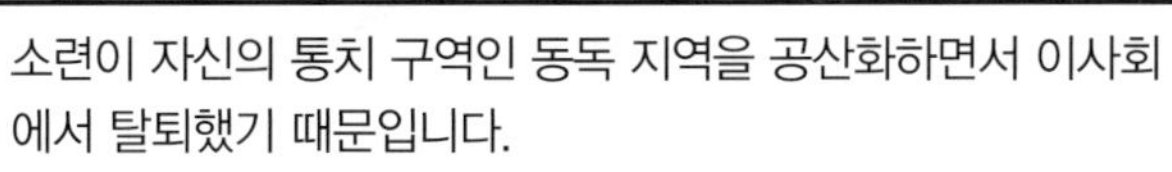
소련이 자신의 통치 구역인 동독 지역을 공산화하면서 이사회에서 탈퇴했기 때문입니다.

우리가 통치하던 동독 지역은 공산주의 국가로 거듭날 것이다.
서방의 세 나라가 통치하는 지역과의 통로는 완전히 봉쇄한다.

공산주의는 종교를 인정하지 않았으므로 동독 지역의 목회자들은 서독으로 탈출하고 있었습니다.

하지만 앙겔라의
아버지 카스너는
반대로 서독에서
동독으로 이주할 것을
결심합니다.
앙겔라, 어렵고 험하더라도 옳은 길을 가야만 해. 너도 언젠가는 날 이해해 주겠지?
까르

카스너는 동독의 크비트초프에서 교회 일을 시작해 3년 후
템플린시 외곽의 발트호프로 거주지를 옮겼습니다.
부르릉
어?

아빠!

어이쿠. 우리 공주님, 재미있게 놀았어?

여보! 오늘은 왜 이렇게 빨리 왔어요?

들어가서 이야기합시다.

털썩
후유……
피곤하군.
먹을 것 좀 없소?

탁

앙겔라 옷이 필요해요,
신발도요. 애가 하루가
다르게 자라요.

그렇군.
마련해 보지.
후우

아빠,
아빠 교회에는
왜 사람이 없어요?
응?

항상 사람이
없던 걸요?

음……
꼼지락

이만큼!
척
하하하

앙겔라,
그 사람들도
소중한
신도들이잖니?

하지만 사람이 없으면
우리가 먹고살 수
없대요.

하하하, 이런
똑소리 나는 녀석
같으니라구.
여보,
무슨 소리를 했기에
애가 이런 말을
하는 거요?
미안해요.
요즘 내가
혼잣말하는 걸
들었나 봐요.

앙겔라,
너도 이제부터
아빠 따라
교회에 가자.
에엥? 싫어요.
거긴 할아버지,
할머니들밖에
없잖아요.
도리
도리
아니야.
이제부터 네 친구들이
올 거란다.
진짜요?
짝
자,
그럼 오늘은 일찍 자자.
그래야 일찍 일어나서
친구들을 만나러 가지.
네!

미안하구나.
어린 너까지
고생을 시켜서.

탁
흠...

그런 눈으로
보지 말아요. 다 이야기
할 테니.

동독은 공산주의 사회여서 종교를 인정하지 않았습니다.
때문에 카스너는 늘 어려움에 부딪혔습니다.
당신도 알잖소.
동독 정부가 목회자들에게
어떻게 대하는지.
방해 때문에 복음을
전하는 데 한계가 있소.

그래요. 교회에 가는 사람을
감시하기도 하고 행사 허가를
내줬다가 취소하기도 했죠.
이 나라는 교회가
번성하는 걸 원하지 않소.
그래도 이번에 좋은 기회를
얻었다오.

인근에 학교가 폐교되었는데,
그 학교에 다니는 장애아들을 앞으로
우리 교회에서 돌보게 되었소.
네?

비용은 들지만,
이렇게라도 하지 않으면
교회를 유지하기가 어렵소.

당시에는
장애인을 돌보는
시설도 미비했고,
장애인을 돌보는
사람이나 비용도
부족했습니다.

또한 장애인에 대한 편견이 심해
비장애인들은 장애인들과 함께
어울리려고 하지 않았습니다.
어쩌자고 저런 사람이 거리에 나오는 거야?
얼마 후, 카스너의 교회는 장애아들로 가득 찼습니다.
웅성
웅성

주님께서는 말씀하셨습니다.
여기 너희 중에 죄 없는 자가 있다면 저 여인을 돌로 쳐라. 그러자, 누구도 선뜻…….

앙겔라, 엄마 말 잘 기억하고 있지?

여기 있는 친구들은
몸과 마음이 아픈 친구들이야.
절대 놀리거나 놀라면 안 돼.
네, 엄마.

자, 들어가자.

와! 엄마,
저거 봐요!

앙겔라,
놀라지 말랬잖니.
아니, 아니요!
저거요, 저거.

대체 뭘 보라는
거니?
언니 머리띠가
엄청 예뻐요!
응?

호호

언니, 머리띠
정말 예쁘다!
잘 어울려.

해 볼래?
좋아!
끄덕

깜짝 놀랐네.
후유

여보!

걱정했던 것보다
보기 좋네요.
그렇군요.
앙겔라도
잘 어울리고.
꺄르르
호호호

당신은
힘들지
않아요?

다행히 아이들의 부모님들이
많이 도와주고 있어요.
그래서 말인데…… 좀 더 다양한
프로그램을 짜 볼까 해요.

다양한
프로그램이라면?

음, 장애아들이
자라서 자립할 수 있게
기술을 가르칠
생각이에요.
그림이나 음악, 시에
소질이 있는 학생은
그쪽으로 키워 주고.

좋은 생각이긴 한데
우리가 하기에는 힘들지
않을까요?
하하, 선생님들을
찾아봐야지.

카스너는 설교를 하는 한편, 장애아들이 스스로 자립할 수 있도록 다양한 수업을 열었습니다.

자, 여러분. 이건 바느질의 기본인 홈질이에요. 일정하게 규칙적으로 바느질을 하는 거죠.

수업이 끝난 장애아들은 부모님들이 데리러 오기 전까지 교회에서 놀았습니다. 앙겔라는 그런 아이들 사이에서 자연스럽게 어울렸습니다.
꺄르르
호호호

카스너는 주말이면 장애아 가족들과 함께 파티를 하기도 했습니다.
하하하
호호호

언니!

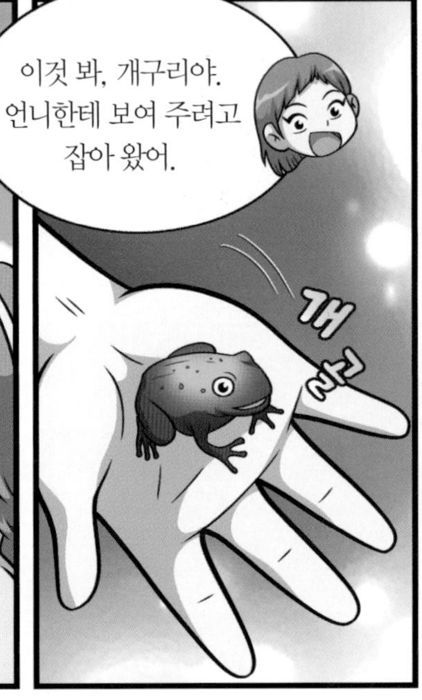
이것 봐, 개구리야.
언니한테 보여 주려고
잡아 왔어.
개굴

고마워, 앙겔라.
충분히 봤으니
이제 놓아주자.
응.

언니, 저기 가 보자.
예쁜 꽃들이
엄청 많아.
응? 내가
가기엔 먼데?

내가 부축해
줄게.
그럼 좋아.

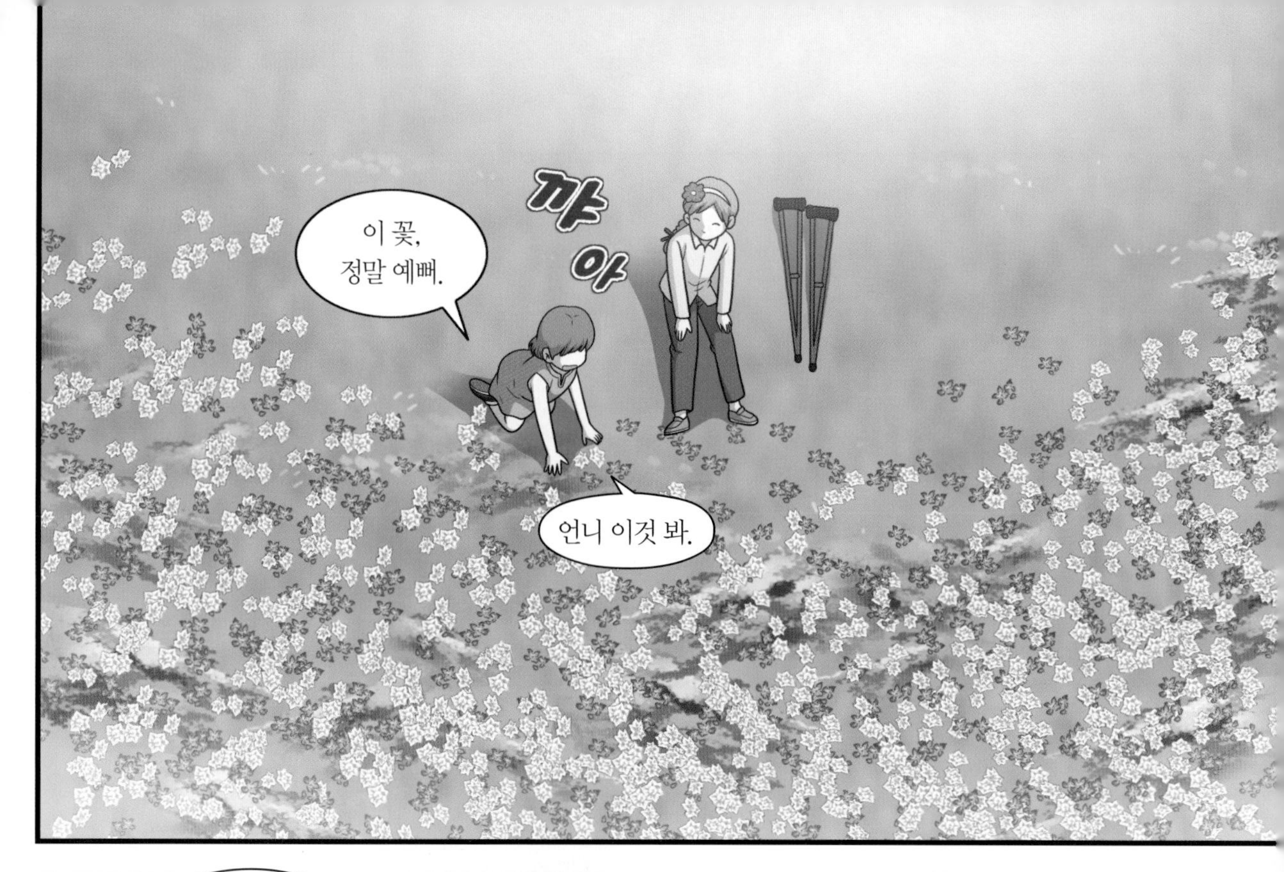
까아
이 꽃,
정말 예뻐.
언니 이것 봐.

향기도
너무 좋아.
앙겔라…….
응?
언니 왜?
아, 아니야.
그냥 네가 나를
허물없이 대하는 게
고마워서.
글썽

여기서
뭐 해?

너도 이리 와.

이 꽃 좀
보고 가.

바보들.
바비큐 파티가
열렸다고.
와아, 정말?

앙겔라는 장애인들과 자연스럽게 어울리는 분위기에서 자라며,
사람에 대한 편견과 차별의 시선을 자신도 모르는 사이에 걷어 내고 있었습니다.

앙겔라 메르켈의 성공 열쇠

앙겔라 메르켈은 독일 국민들의 사랑과 존경을 한 몸에 받으며 2005년부터 네 번 연달아 총리직을 수행했으며, 세계에서도 가장 영향력 있는 리더로 손꼽힙니다. 앙겔라에게는 늘 독일 최초의 여성 총리이자 최연소 총리라는 수식어가 붙지만, 그가 처음부터 정치인으로서 성공의 길을 걸었던 것은 아니었습니다. 통일 전 동독에서 살았고, 정치적 기반이 거의 없는 과학자 출신이며, 전통적으로 남성이 많은 정치계에서 활동하는 여성이라는 사실은 앙겔라에게 약점으로 작용했지요. 그럼 앙겔라가 이런 불리한 조건을 이기고 성공할 수 있었던 비결은 무엇인지 살펴봅시다.

2017년, 도널드 트럼프 미국 대통령과 회담하는 앙겔라 메르켈 © 백악관

하나 포용력

앙겔라는 2005년 총리에 취임한 뒤 이전 집권당인 사민당의 좋은 정책들은 계속 이어 나갑니다. 이렇게 해서 기민당에 표를 주지 않은 국민들의 지지도 이끌어 내 국가적 화합을 이룰 수 있었지요.

목사였던 앙겔라의 아버지는 목회자 활동을 하며 장애가 있는 어린이들을 돌보는 일을 했습니다. 당시는 장애인에 대한 편견과 차별이 남아 있던 시절이었지만, 이런 배경으로 앙겔라는 일찍부터 약자를 배려하고 그들과 어울려 살아가는 법을 배울 수 있었습니다. 이런 배려는 자국민에게만 그치지 않았습니다. 2015년, 앙겔라는 시리아 내전으로 발생한 난민을 아무 조건 없이 받아들였습니다. 어려움과

엄마다운 푸근함을 강조한 2017년 선거 포스터

불편을 감수하며 인도주의를 몸소 실천하는 앙겔라의 용기에 전 세계가 박수를 보냈지요. 사회적 약자뿐 아니라 곤경에 처한 다른 민족까지 열린 마음으로 받아들이는 앙겔라에게서 푸근하고 따듯한 엄마의 모습을 느낄 수 있습니다.

둘 정의감

'프라하의 봄'을 탱크로 진압한 소련 © Engramma.it

앙겔라는 동독에서 성장했지만 어린 시절부터 서독에 있던 친척들을 통해 자유를 접할 수 있었습니다. 베를린 장벽이 들어선 후에도 서독의 잡지나 라디오 뉴스, 미국의 음악을 통해 자유에 대한 동경을 키웠지요.

그러던 중 체코의 민주화 운동 '프라하의 봄'을 계기로 사회주의 체제에 대한 불만이 더해져, 고등학교 문화 행사에서 자유에 대한 갈망을 드러내고 대학에 가서 반정부 시위에 참여하기도 했습니다. 하지만 이런 저항은 동독 공산당 정부의 탄압으로 꺾였고, 앙겔라는 한동안 물리학자로서 연구에 집중하며 생활했지요.

유럽 통합에 대한 기여로 2008년, 샤를마뉴상을 수상한 앙겔라 메르켈 © א(Aleph)

그럼에도 앙겔라는 늘 자유와 정의라는 가치를 마음에 새기고 있었습니다. 대학 졸업 즈음 동독 비밀경찰 슈타지의 가입 권유를 받았지만, 불이익을 당할 위험을 무릅쓰고 거절한 것도 그 때문이었지요.

결국 앙겔라는 동독과 서독이 통일을 앞둔 시기에 과감하게 과학자라는 직업을 포기하고 정치의 길로 들어섰습니다. 민족과 사회를 위해 더 가치 있는 일을 해야 한다는 마음 때문이었습니다.

앙겔라는 통일 후의 혼란도, 난민 문제도 이러한 정의감으로 꿋꿋하게 헤쳐 나갈 수 있었습니다.

셋 도덕성

앙겔라는 자신이 특별 대우를 받아야 한다고 생각하지 않았습니다. 이런 태도는 자연히 부정부패의 유혹을 멀리하게 해 주었습니다.
헬무트 콜 총리가 뇌물 의혹이 불거졌을 때 앙겔라는 개인적인 인연과 친분보다는 깨끗한 정치를 하는 것이 더 중요하다고 생각하고 진상 요구를 했습니다. 또한 독일이 부끄러워하는 나치의 잘못을 언급하며 피해자들에게 거듭 고개를 숙이며 사과했습니다. 국가도 자존심이나 체면을 세우기보다는 피해자들의 마음을 먼저 헤아리는 양심과 도덕성을 갖추어야 한다고 생각했기 때문입니다. 앙겔라가 독일뿐 아니라 전 세계에서 존경받는 것은 이러한 뛰어난 도덕성을 갖추고 있기 때문입니다.

나치가 수용소에 가둔 유대인 어린이들 © Alexander Voroncov

넷 결단력

앙겔라는 물리학자로서의 안정적인 삶을 버리고 정치에 뛰어들었습니다. 인생의 중요한 시기에 어떤 길로 가야 할지 판단하는 능력이 있었기에 가능한 일이었지요.
또한 자신이 몸담고 있는 기민당과 이념이 다른 사민당과 연정을 하는 대범한 타협의 자세를 보여 주고, 코로나가 퍼지기 시작했을 때 어떤 유럽 국가보다 먼저 적극적으로 대응하는 신속함을 보여 주기도 했습니다.
이런 앙겔라의 결단력은 새로운 도전과 그 앞의 난관을 두려워하지 않는 모험 정신, 신중하게 고민하되 한번 결심하고 나서는 밀고 나가는 추진력을 바탕으로 더욱 빛을 발하고 있습니다.

단호한 결단력을 보여 주는 앙겔라 메르켈의 모습

다섯 계획성

앙겔라는 꼼꼼한 계획에 의해 움직입니다.
과학자 출신다운 정확하고 냉철한 분석력으로
앞으로의 일을 계획하고 적절한 기회가 오기를
기다리는 것이 그의 정치 스타일입니다.
독일의 정치계도 다른 대부분의 나라와 같이 남성
중심적이어서, 앙겔라가 정치적 입지를 넓혀 가는
것은 쉬운 일이 아니었습니다. 하지만 앙겔라는
자신과 함께해 줄 여성 네트워크를 조직하며
한 걸음씩 나아갔고 마침내 독일 총리의 자리에
올랐습니다.
앙겔라는 정치적 반대자가 공격해도 싸움에 말려들지
않고 조용히 자신의 정책을 관철시키는 것으로 잘 알려져
있습니다. 상대를 관찰하고 앞으로의 행동을 예측하여 확실한
신념으로 토론하고 설득하기 때문에 가능한 일이지요.
앙겔라가 오랫동안 총리의 자리에서 훌륭한 리더십을 펼칠 수
있었던 것은 이러한 계획성이 뒷받침되었기 때문입니다.

2008년, 총리직을 수락하며 미소 짓는 앙겔라 메르켈

who? 지식사전

냉전 시대

제2차 세계 대전 후, 세계는 이념에 의해 두 진영으로 나뉘게 됩니다.
미국을 중심으로 하는 자본주의 진영과 소련을 중심으로 하는 공산주의
진영으로 대립하게 된 것이지요. 각 진영을 이끌던 미국과 소련은
경제 · 군사 · 과학 · 외교 등에서 경쟁하며 유럽과 아시아 및 다른 지역에서
영향력을 넓히려 했습니다. 이들은 무력을 사용하지는 않았는데, 이러한 상황을
'냉전'이라고 합니다.
냉전 시대는 1991년, 소련의 해체와 함께 막을 내렸습니다. 소련은 소비에트
연방의 줄임 말로 러시아, 우크라이나, 에스토니아, 카자흐스탄 등 15개의
나라로 구성되어 있었는데, 모두 독립했습니다.

소련을 상징하던 낫과 망치가 그려진 국기

2 베를린 장벽

몇 년 후, 아버지의 교회에는 사람들의 발길이 끊어졌습니다. 동독과 서독의 관계가 나날이 악화되었는데 이 여파로 동독은 종교에 대한 강압을 점점 강화했기 때문입니다.

아빠…… 이제 언니, 오빠들을 볼 수 없어요?
아니, 그렇지 않아.
그럼 언제 볼 수 있어요?
그…… 그건…….

*망명 : 정치적인 이유 등으로 자기 나라의 박해를 피하기 위해 외국으로 몸을 옮김

이것을 베를린 장벽이라 합니다. 베를린 장벽이 세워진 이후 동독인들은 쉽게 서독으로 탈출할 수 없게 되었습니다.
이런 분위기 속에 동독의 개신교 탄압 수위도 점점 높아지고 있었습니다. 목사의 자녀들은 대학에 들어가는 데 제한을 받았고…….
UNIVERSITY
너 목사 아들이지? 일단 입학 보류.
목사 집안의 사람들은 직업을 구하기도 어려웠습니다.
면접
집안에 목사가 있다고? 우리 회사에서는 일할 수 없네.
또한 교회에 대한 국가 보조금도 삭감했습니다.
나라에서 교회 씨를 말리려고 하는군. 이제 한계야.
분명 다른 방법이 있을 겁니다.

이로 인해 앙겔라 가족의 어려움도 점점 커졌습니다.
큰일이야. 이래서는 생활이 되지 않아.

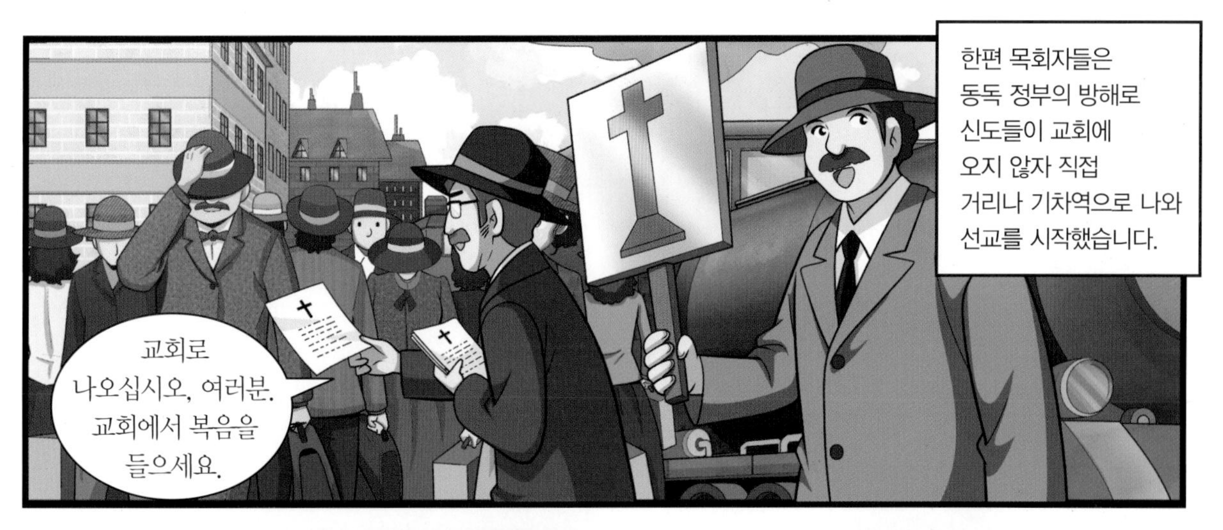
한편 목회자들은
동독 정부의 방해로
신도들이 교회에
오지 않자 직접
거리나 기차역으로 나와
선교를 시작했습니다.
교회로
나오십시오, 여러분.
교회에서 복음을
들으세요.

삐
삐

여기
책임자가 누구요?
왜 그러십니까?

기차역에서의 선교는
금지되었소.
아니,
어떤 공공장소에서도
선교는 할 수 없소.
네?

당장
돌아들 가시오.
머뭇

돌아가지 않으면
모두 체포하겠소!

앙겔라, 요즘은
네가 웃는 모습을
볼 수가 없구나.

같이 놀던 친구들도 없고
아빠도 선교하느라 집에
잘 안 들어오시니까요.
동생들과
놀면 되잖니.

앙겔라에게는 마르쿠스, 이레네라는
두 동생이 있었습니다.

알겠어요.
마르쿠스, 이레네!
나랑 놀자.

여보, 애들이
당신을 기다려요.
어서 돌아오세요.

앙겔라는 아버지를 기다리다 지쳐 잠들곤 했습니다.

동독 개신교 연맹의 성명 발표는 동독의 개신교를 분열시켰습니다.

정부의 탄압에 맞서 개신교의 자유를 찾아야 합니다. 정부 정책에 놀아나는 종교는 종교가 아닙니다!

이미 동독의 정치는 우리에게 현실입니다. 사회주의 안에서 개신교가 나아가야 할 길을 찾아야 합니다!
탁

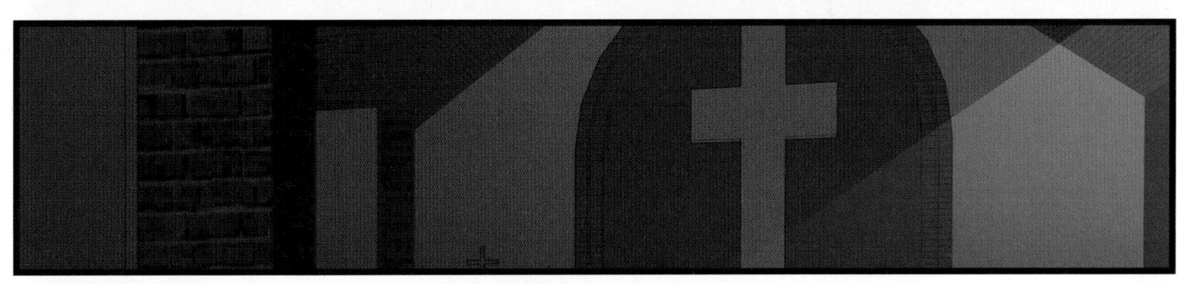

카스너 씨.

누구요?

*비밀경찰: 비밀로 조직하여 드러나지 않게 반국가 활동을 단속하는 정치 사찰 기구

신도, 목사도
인민과 같은
계급이란 걸
잊지 마세요.
이것이 우리가
요구하는 체제요. 이것을
설교할 때 반드시
알리시오.
알겠습니다.

그날 이후, 정부는 카스너에게 목회 일을 허락했습니다. 동독 정부 정책에
방해가 되지 않을 것을 확인했기 때문이었습니다.

그런 카스너에게 많은 비판이 따랐습니다.
카스너는
목회자로서
양심을
팔았어.
동독 정부에
굴복한 거야.

카스너는 목회 일에 매진했습니다. 그러다 보니 집에 들어오는 날이 점점 줄어들었고, 오랜만에 집에 들르면 앙겔라는 기뻐하며 달려갔습니다.
아빠!

앙겔라, 뛰어다니지 말아라. 너도 이제 숙녀야.

네?

그래도 장녀 아니오? 이제 의젓해져야지.
야단치지 말아요. 앙겔라는 온종일 아빠만 생각하고 있다고요.

아버지는 어찌된 일인지 점점 엄격해졌습니다.
그런 아버지의 모습에 앙겔라는 속이 상했습니다.
어리광 부리지 마라.

그러던 어느 날

야, 저것 봐. 앙겔라다.
쟤네 아버지 정부에 굴복했다며? 큭큭!

비겁자.
툭
배신자의 딸
왜……?
아빠가 뭘 어쨌는데?
앙겔라, 언제나
기운이 넘치더니
오늘은 왜 그러니?

아니에요.
동생들이랑
놀게요.
왜 저러지?
카스너의 목회 일은 점점 바빠져 멀리 출장을 가기도 했습니다.
한 번 출장을 가면 열흘씩 돌아오지 않았기 때문에
앙겔라는 더더욱 아버지의 정을 느낄 수 없었습니다.
시무룩
아무래도
안 되겠어.

앙겔라, 최근에 네가 웃는 모습을 본 적이 없구나. 혹시 안 좋은 일이라도 있니?

말해 보렴. 엄마가 다 들어줄게.

아빠가…… 미워요.
뭐? 왜 아빠가 미워?

집에 안 들어오잖아요. 들어와도 나랑 놀아 주지 않아요.
그리고 사람들이 아빠를 욕해요. 양심을 팔았대요.
주륵

지금 앙겔라의 마음을 다잡지 못하면 이 아인 결국 삐뚤어질 거야.

앙겔라, 내 말 잘 들어.
아빠는 양심을 판 게 아니야.

넌 잘 모르겠지만 이 나라에서 목회 일을 하는 건 쉽지 않아.
그래서 많은 목사님들이 서독으로 망명하거나 목사 일을 그만두었단다. 하지만 아빠는 목사로서의 사명감을 가지고 동독으로 온 거고, 복음을 전할 수 있는 방법을 선택한 거야.
하지만 이 나라엔 목사가 부족하고 아빠는 복음이 필요한 곳으로 다니다 보니 집에 오기 힘드실 정도로 바쁘신 거란다. 하지만 아빠는 훌륭한 분이야. 무엇보다 아빠는 앙겔라를 사랑해.

진짜요? 하지만
절 언제나
혼자 두는데요?
그만큼 널 믿고 있는 거지.
넌 혼자서도 잘할 수 있는
아이니까 말이야.

혼자서도
잘할 수 있는
아이?

음…….
그래, 언제나
안심하고 믿을 수
있는 아이.

그렇다면
난 혼자서도
잘할 수 있어요.
방긋

그래,
앙겔라.
꼬옥

어머니는 외로워하는 앙겔라와 대화를 자주 나누었습니다.
아버지의 정을 그리워하던 앙겔라는 어머니로 인해
안정을 찾을 수 있었습니다.

또한 부모님께 의지하지 않고
혼자서 무엇이든 척척 해내는
독립적인 성향을 띠게
되었습니다.
엄마,
동생들은 제가
돌볼게요.

독일의 역사

독일은 오늘날 국제 사회의 정치와 경제를 이끄는 선진국 중 하나지만, 유럽 강대국 중 가장 늦게 통일을 이루었습니다. 수백 개의 나라로 분열한 채 지내다가 19세기 중반이 지나서야 통일 왕국을 이루었지요. 이는 독일이 다른 유럽 국가들의 이해관계와 세력 다툼의 틈바구니에 끼어 있었기 때문입니다. 그럼 독일이 과연 어떠한 역사를 거쳐 오늘에 이르게 되었는지 알아봅시다.

하나 고대

3~4세기경 중부 유럽에 게르만족이 등장했습니다. 게르만족은 바로 독일인의 선조들인데, 백색 인종으로 키가 크고 금발이며 푸른 눈이 특징입니다. 게르만족은 원래 북유럽 쪽에서 살다가 중부 유럽으로 내려와 자리를 잡았습니다. 로마 제국은 이들을 '야만족'이라고 불렀습니다. 4세기 말, 아시아의 유목 민족인 훈족이 침입하자, 게르만족은 이들을 피해 로마 제국 영토 안으로 이주하게 되었습니다. 게르만족은 이후 약 200년에 걸쳐 세력을 넓혀 나갔는데, 이런 과정을 '게르만족의 대이동'이라고 합니다.

16세기 화가가 그린 샤를마뉴

게르만족 중 하나인 프랑크족은 5세기 말에 프랑크 왕국을 세웠습니다. 프랑크 왕국의 샤를마뉴 대제는 주변 영토와 부족을 정복하며 프랑크 왕국의 전성기를 이끌었지요. 하지만 그가 죽자 왕국은 동프랑크, 서프랑크, 중프랑크로 나뉘었고, 이들은 각각 독일, 프랑스, 이탈리아가 되었습니다.

둘 중세

훗날 독일이 되는 동프랑크는 10세기에 오토 대제의 등장으로 전성기를 맞게 되었습니다. 오토 대제는 활발한 영토 확장 사업을 펼쳐 유럽의 패권을 잡았고, 교황은 그에게 로마 황제의 지위를 수여했습니다. 이로써 '신성 로마 제국'이 생겨난 것이지요.

신성 로마 제국의 역사를 연 오토 대제
© Axel Mauruszat

오토 대제는 교회에 여러 권한을 주어 왕국을 다스리는 데 활용했고, 이때부터 교회가 정치에 관여하고 이익을 추구하는 일이 일어나게 되었습니다. 이후 신성 로마 제국의 권력자들은 황제 자리를 두고 서로 다투었고, 그러는 와중에 황위는 합스부르크가로 넘어갔습니다. 합스부르크가는 나중에 유럽 최고의 명문가이자 오스트리아의 왕가가 되는 가문입니다.

16세기, 신성 로마 제국에서는 가톨릭의 부패를 비판하며 종교 개혁이 일어났고, 이어 17세기에는 개신교와 가톨릭 세력이 격돌한 '30년 전쟁'이 발발했습니다. 이 전쟁은 개신교와 가톨릭을 믿는 유럽 여러 나라가 뛰어들어 국제적인 전쟁이 되었지요.

전쟁이 끝나며 베스트팔렌 조약이 맺어졌는데, 그 결과 여러 제후들이 독립성을 얻어 황권은 약해지고 신성 로마 제국은 분열되었습니다. 이러한 상황에서 신성 로마 제국에 속해 있던 프로이센과 오스트리아가 두각을 나타내게 되었고, 신성 로마 제국은 1806년에 프랑스의 나폴레옹에 의해 역사 속으로 사라지게 되었습니다.

셋 근대

프로이센과 오스트리아는 경제력, 군사력, 영토 등 모든 면에서 독일 지역의 주도권을 두고 경쟁했습니다. 프로이센은 유럽에서 손꼽히는 군사력을 자랑했고, 오스트리아는 신성 로마 제국의 황제를 배출하던 합스부르크 가문이 이끌고 있었지요.

프로이센과의 경쟁에서 패한 오스트리아의 프란츠 요제프 1세

이들은 영토를 두고 전쟁을 벌이기도 했지만, 신성 로마 제국 이후 여러 왕국과 공국이 혼란스럽게 존재하던 독일 지역을 통일하는 문제로 가장 큰 갈등을 빚게 됩니다. 서로 자기 나라가 중심이 되어야 한다고 주장한 것이지요.

결국 19세기 중반, 프로이센과 오스트리아는 이 문제로 맞붙게 되었습니다. 승리는 프로이센의 차지였지요. 이로써 프로이센이 독일의 통일을 이끌게 되었고, 오스트리아는 독일에서 빠지게 되었습니다. 하지만 이번엔 프랑스가 독일에 영향력을 미치며 통일을 방해했습니다.

프로이센의 총리 비스마르크는 프랑스의 세력을 제거하기 위해 전쟁을 벌였습니다. 그리고 전쟁에서 승리하여, 1871년에 프랑스의 베르사유 궁전에서 독일 제국의 성립을 선포하고 빌헬름 1세의 대관식을 거행했습니다.

독일은 통일한 뒤에, 다른 제국주의 유럽 열강들과 마찬가지로

who? 지식사전

베를린에 있는 비스마르크의 동상

비스마르크 (1815~1898년)

"독일의 통일은 언론이나 다수결이 아닌 철과 피에 의해 이룰 수 있다." 비스마르크는 총리 취임식에서 이렇게 말했습니다. 당시 프로이센의 국왕 빌헬름 1세는 군비 확장 문제를 두고 의회와 갈등을 빚고 있었습니다. 이에 비스마르크는 앞으로 반대 의사나 여론을 신경 쓰지 않고 무력으로 통일을 이루겠다는 의지를 밝힌 것입니다. 비스마르크는 프로이센의 마지막 총리이자 독일 제국의 초대 총리로서, 독일 통일에 가장 큰 기여를 했다는 평가를 받고 있습니다.

활발한 식민지 정복 사업을 벌입니다.
그러던 중 1914년, 오스트리아 황태자 암살 사건으로 제1차 세계 대전이 일어났고, 독일 제국은 전쟁에서 그만 지고 맙니다. 이에 황제 퇴위를 요구하는 혁명이 일어나 결국 제국이 무너지고 공화국이 선포되었습니다.

베르사유 궁전 '거울의 방'에서 열린 빌헬름 1세의 대관식

넷 현대

1919년, 독일은 바이마르 공화국으로 다시 태어났습니다. 황제 제도가 폐지되고 연립 내각이 들어선 것입니다. 하지만 제1차 세계 대전에서 패배한 대가는 치러야 했지요. 엄청난 배상금을 물어 주어야 했고, 국가 방위를 위한 군사력을 갖추는 일도 금지되었습니다. 이런 시기에 전 세계적인 대공황까지 닥쳐오자 국민들은 큰 고난을 겪었습니다. 경제가 크게 나빠지고 실업자가 많아졌지요.

1983년, 베를린 장벽의 서독 방향의 모습

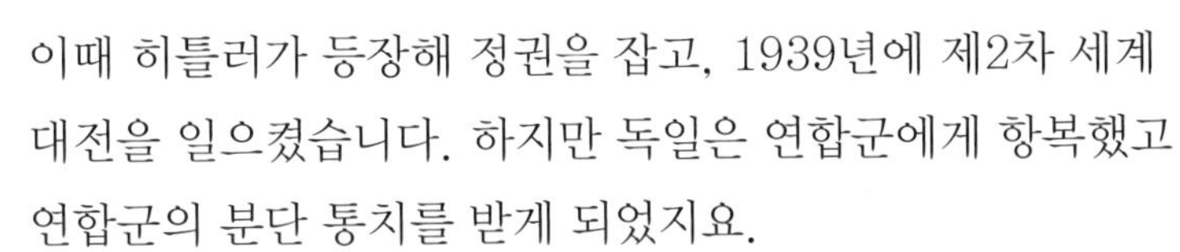

이때 히틀러가 등장해 정권을 잡고, 1939년에 제2차 세계 대전을 일으켰습니다. 하지만 독일은 연합군에게 항복했고 연합군의 분단 통치를 받게 되었지요.
그 결과 미국, 영국, 프랑스가 서쪽을, 소련이 동쪽을 관리하게 되었습니다. 이것이 서독과 동독이 나뉘게 된 계기입니다. 두 개의 독일은 냉전 시대를 지나는 동안 분단국가로 지냈지만, 소련이 해체되고 사회주의가 몰락하기 시작하자 1990년에 다시 통일을 이루었습니다.

3 정치에 관심이 많은 소녀

동독과 서독 국경을 넘는 일은 어려웠지만 편지로는 교류할 수 있었습니다. 그래서 어머니는 서독에 있는 친정과 자주 편지를 주고받았습니다.

뭐예요?
이건 서독에서 발행하는 잡지. 이건 청바지와 블라우스.
이런…… 동독 여자아이들은 치마를 입는데 이건 완전 서독식이구나.
블라우스 색도 너무 화려한걸? 이런 옷을 입을 수 있겠니?
그럼요. 외할머니 선물이잖아요.
앙겔라는 자랑스럽게 서독식 옷을 입고 다녔습니다.
하얀 블라우스에 검은 치마, 단화를 신은 동독 소녀들과 달리
앙겔라는 분홍색의 화려한 상의와 청바지, 운동화를 신어
여느 동독 아이와 달라 보였습니다.
재 좀 봐.
청바지라니……
마치 서독 아이 같은걸?

엄마, 오늘부터 방학인데 베를린에 있는 할머니 집에 갈래요.
누구랑?

저 혼자요.
혼자서?

그럼요, 문제 없어요.
앙겔라는 독립심을 무한히 키워 나갔습니다. 그래서 방학이 되면 무엇을 할지 혼자 계획하고 실행에 옮기곤 하였습니다.

열세 살의 앙겔라는 혼자 베를린에 도착했습니다. 할머니를 만나기 위해서였습니다.

엄청
큰 도시인걸?
할머니
집이…….

딩동
딩동
누구지?

할머니,
저 왔어요.
세상에. 기차역에서
너 혼자 여길 찾아온 거니?

네. 별로 어렵지
않던데요?
기특한 것.
잘 왔다,
앙겔라.

이튿날, 아침
앙겔라,
어딜 가려는 거니?

밖에 나갔다
오려고요.
나랑 같이 나가자.
넌 베를린 길을 잘 모르잖니?
괜찮아요,
저 혼자 다녀올게요.

앙겔라는 베를린에서 매일같이 외출을 했습니다.
미술관이나 박물관에 들어가서 전시를 보기도 했습니다.

여기가 아닌 것 같은데?
아……
도저히 모르겠는걸?
이러다가 꼼짝없이 길에서 자야 할 판이야.
제가 도와드릴까요?

톡

우린 러시아에서
왔단다. 호텔을 찾고 있는데
도저히 못 찾겠어.
외국에서
오셨나 봐요?

제가 찾아
드릴게요.

우린 여기를 찾고
있는데……. 네가
찾을 수 있겠니?

아하, 저를
따라오세요.

믿어도 될까?
어린아인데.
일단
따라가자고.

ROYAL HOTEL
HOTEL
ROYAL
고맙다,
얘야. 이거 어떻게
보답을 해야 하지?
여기예요.
우리나라를
찾아온 관광객에게 길을
안내하는 게 당연하지요.
혹시 모르는 것 있으면
더 물어보세요. 제가 다
안내해 드릴게요.
ROYAL
너 혹시
식사는 했니?
저녁을
말씀하시는 거면
아직요.
방긋

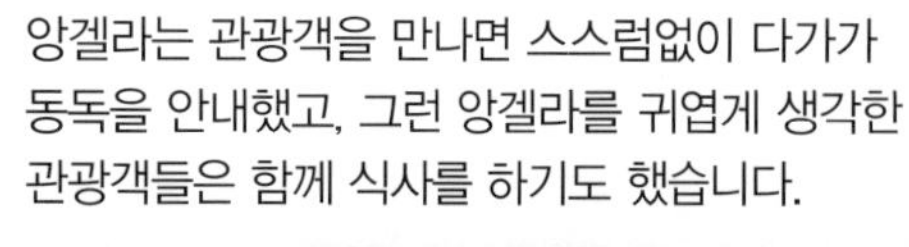
앙겔라는 관광객을 만나면 스스럼없이 다가가 동독을 안내했고, 그런 앙겔라를 귀엽게 생각한 관광객들은 함께 식사를 하기도 했습니다.

앙겔라, 넌 어떤 걸 좋아하니?

저는요, 비틀즈를 좋아해요.
또 그림을 좋아해서 미술관에 자주 가요. 명화가 인쇄된 그림엽서를 모으는 게 취미예요.

오…… 비틀즈? 요즘 애들이랑 좀 다른걸?
그러게. 넌 동독에서 만난 아이들과 다르게 표정이 무척 밝구나. 옷도 화려하고. 마치 자유 국가에서 사는 아이 같아.

자유 국가에서 사는 아이?

집으로 돌아온 앙겔라는
한동안 깊은 생각에
잠겼습니다.
자유 국가에서
사는 아이 같아.
한 번도 생각해
본 적이 없는데, 대체
그게 무슨 의미일까?

서독이랑
동독이랑 많이
다른 걸까?
Titanic
Magazine

앙겔라, 할머니
집에서의 생활은
재미있었어?
똑
똑
네, 엄마.
Titanic
Magazine
10
NEW
Rock

뭘 보고 있니?
할머니께서
보내 준 잡지예요.

어? 오늘이
며칠이지?

으악!
왜 그래?

쟤가 왜
저러지?
쌔
앵

지금쯤이면
서독의 새 대통령이
결정되었을 거예요.
후
다
닥

어서
들어 봐야지.
치 직

잠깐만!
네?

여긴 동독이야.
서독 뉴스를
듣는 건 위험해.
경찰이 와서
잡아갈걸?

아…….

치
직

서독의 3대 대통령으로 구스타프 하이네만이 선출되었습니다. 하이네만은 변호사 출신으로…….

한편, 앙겔라는 학교에서는 성적이
우수한 모범생이었습니다.

앙겔라, 무슨 공부를
그렇게 열심히 해?

대학에 가려고
공부하는 거야.

대학? 아직
몇 년 후의
이야기잖아.
그렇긴 한데
목사의 자녀는
대학 가기가 어려워.
정말 엄청나게 공부를
잘하거나 과학 기술 쪽에
특기가 있어야 해. 그래서
물리학을 공부하고 있어.
물리학이 적성에
맞기도 하고.

그렇구나.
근데 넌 러시아어를
잘하니까 경시대회에
나가는 건 어때?
나중에 가산점을
받을 수 있을 거야.

그러면 나도
좋지만…….
목사 딸인데
참가할 수
있을까?

앙겔라 카스너.
네! 선생님.

다음 달에
러시아어
전국 경시대회가
있는데, 참가해
보겠니?
네?

거기에서
뛰어난 성적을
받으면,
소련에서 열리는
러시아어 대회에 동독
대표로 참가하게 된다.

우아
우아
아

동독 대표로
소련에 갈 수 있다고?
그렇게만 된다면
대학에 가는 것도
문제없을 거야.

열심히
하겠습니다!

좋아. 착실히 준비해서
학교의 이름을 드높이도록.
참, 아버지 직업이 뭐랬지?

너 목사 아들이지?
일단 입학 보류.
UNIVERSITY
집안에 목사가 있다고?
우리 회사에서는
일할 수 없네.
사실대로
목사라고 말했다간
참가 자격을 주지
않을지도 몰라.

앙겔라?
우……
운전사입니다.
얼마 후, 러시아어
경시대회가 열렸습니다.
필기 시험과 러시아어
발표로 이루어진
경시대회에서 긴장한
학생들은 자신의 실력을
제대로 발휘하지
못하고 있었습니다.
음…… 저는……
베…… 베를린에
거주하는……
율리야…… 입니다.

너무 떨린다.
넌 긴장 안 돼?
글쎄? 난 저
정도는 아닌걸?
다음,
앙겔라 카스너.
네.
척
척

안녕하십니까?
저는 앙겔라 카스너입니다.
저는 러시아어를 공부하면서 동독과 러시아의
국제 관계와 동맹에 대해서 생각했으며…….
어머, 참 잘하네.
어떻게 저렇게
자연스럽지?

저 아이는
발음이 좋군요.
거기다 전혀
긴장하지 않은 것 같아요.
용기 있는 아이군요.
결국 앙겔라는 동독 대표로 선발되어
소련의 모스크바에서 열리는
러시아어 대회에 참가하였습니다.
그아앙
소련은 러시아어 대회에 참가하기 위해 온
각국의 학생들을 위한 만찬을 열었습니다.
앞으로 고국에 문제가 생기면
항상 소련을 찾으십시오.
우리는 여러분의 친구입니다.
건배!
건배!

앙겔라는 다른 나라의 참가자들과 함께 경시대회 동안
모스크바의 여러 곳을 돌아다녔습니다.
와……
멋진 궁궐인데? 소련은 정말 대단한 것 같아.
사회주의는 역시 소련을 중심으로 모여야 할 것 같아.
그런데 넌 어디서 왔어? 난 동독.
난 체코에서 왔어. 만나서 반가워.

사실 러시아어 대회는 강대국으로서 소련의 위상을 높이기 위한 행사였습니다.
우리나라도 소련처럼 멋진 나라가 될 수 있을까?
소련이 도와줄 거야. 친구랬으니까.

대회의 의도대로 앙겔라를
비롯해 대회에 참가한
학생들은 소련을 동경하게
되었습니다.
우리 동독도
나중에 소련처럼
훌륭하고 강한
사회주의 국가가
될 수 있겠지?

소련에서 돌아온 앙겔라는
동독의 사회주의 체제에 순응하며
살아가고 있었습니다.

앙겔라, 노래 그만 듣고
텔레비전 좀 틀어 봐.
벌
컥

딸
깍

1968년, 체코 프라하에서는 국민들이 거리로 나와
자유를 요구하는 대규모 시위가 일어났습니다.
이를 '프라하의 봄'이라 합니다.

우리는
자유를 원한다!

사회주의는
물러가라!

와아

와아

*소요 사태: 여럿이 떠들썩하게 들고일어나 술렁거리고 소란을 피워 공공질서를 어지럽히거나 위협하는 일

소련은 탱크와 군대를 보내 시위를 하던 프라하 시민
20만 명을 사살하고 시위를 진압했습니다.
체코에 자유를!
아악.
드르르...
탕 탕
으아악
탕
탕
탕
탕
사회주의를 위협하는
폭도들이 프라하를 점령했으나
우리 소련은 그 즉시 체코를
지원해 모두 진압하였습니다.

오……
가엾어라.

우리는 여러분의
친구입니다.
친구라며…….

텔레비전에서는 소련의 뜻을 거스르면 체코처럼 될 수 있다고
경고하는 것처럼 참혹한 모습을 계속 보여 주었습니다.
으아아앙

도대체……
뭐가 친구라는 거야?
더 이상 소련은
우리의 희망이
될 수 없어!
이건 아니야!
앙겔라는 프라하의 봄 사태를 보고 큰 충격을
받았습니다. 사회주의 국가의 대표였던 소련이
자신의 뜻에 반하면 무차별적으로 사람을
죽일 수도 있다는 걸 깨달은 것입니다.
동독인이지만 누구보다 자유롭게 살았던
앙겔라의 마음속에 사회주의의 부조리와
자유에 대한 갈망이 동시에 싹트고 있었습니다.

통합 지식+ 3

독일의 통일 과정

독일은 1949년부터 1990년까지 동독과 서독으로 분리되어 있었습니다. 독일은 19세기 말에야 통일을 이루었지만, 두 차례에 걸친 세계 대전과 이념의 대립이라는 국제 정세로 인해 다시 나뉘어 존재하게 되었습니다. 그럼 이번에는 독일 분단과 재통일의 과정에 대해 알아봅시다.

옛 동독을 상징하는 문장

하나 제1차 세계 대전

독일 제국이 들어섰을 때 유럽은 제국주의에 빠져 식민지 건설에 열을 올리고 있었습니다. 제국주의란, 무력으로 다른 나라를 침략하여 지배하는 것을 뜻하지요. 독일 역시 식민지 개발에 뛰어들었지만, 영국, 프랑스와 자꾸 부딪혔습니다. 독일은 이들에 대항하기 위해 오스트리아, 이탈리아와 '삼국 동맹'을 맺게 되었지요. 그러자 영국과 프랑스가 러시아와 함께 '삼국 협상'을 체결했습니다.

1914년, 보스니아 사라예보에서 오스트리아 황태자 부부가 세르비아 청년에게 암살당하는 사건이 일어났습니다. 보스니아와 세르비아는 발칸 반도에 있었고, 발칸 반도는 유럽 강대국들이 식민지 경쟁으로 갈등을 빚던 곳이었습니다. 오스트리아가 세르비아에 전쟁을 선포했고, 전쟁은 곧 삼국 동맹과 삼국 협상의 대결로 번졌지요. 제1차 세계 대전이 발발한 것입니다.

제1차 세계 대전 당시 최전방 참호의 병사들

다른 동맹국들이 항복을 하는 중에도 독일은 마지막까지 버티다가, 1918년 혁명이 일어나고 공화국이 선포되고 나서야 백기를 들었습니다.

둘 히틀러의 등장

제1차 세계 대전이 끝나자 영국, 프랑스, 미국이 프랑스 파리에서 회의를 열었습니다. 패전국에 대한 처리를 논의하기 위해서였지요. 여기서 베르사유 조약이 체결되었습니다. 삼국 동맹의 식민지를 독립시키고 가장 끝까지 저항한 독일에 제제를 가하자는 것이 주된 내용이었습니다.

조약에 따라 독일은 식민지뿐 아니라 본래 영토까지 내주고 어마어마한 배상금을 부담했습니다. 공격용 무기는 모두 없애고 군인의 수를 제한했고, 새로 군사를 징집할 수도 없었지요. 이런 보복적 조치에 세계적인 대공황으로 경제적 고통까지 더해지자, 독일 국민의 충격과 패배감은 점차 분노로 변하게 되었습니다.

이때 국가 사회주의 독일 노동자당(나치스)의 히틀러가 정치 활동을 확장했습니다. 베르사유 조약의 타파, 강력한 독일의 재건, 게르만 민족주의, 유대인 배척 등을 내세워 독일 국민으로부터 열광적인 호응을 받았지요. 1934년, 총통이 된 히틀러는 나치스 일당 독재를 펼치며 독일을 강대국의 위치로 끌어올렸습니다. 그리고 전 유럽을 지배하겠다는 야심을 드러내며 제2차 세계 대전을 일으켰습니다.

1939년, 청중 앞에서 유대인에 대해 말하는 히틀러

셋 제2차 세계 대전

1939년 9월, 독일이 폴란드를 침공하면서 제2차 세계 대전이 시작되었습니다. 영국과 프랑스가 독일에 선전 포고를 했지만, 그사이 군사력을 키운 독일은 2년 만에 네덜란드, 벨기에, 프랑스에 이어 발칸 반도까지 차지했습니다.

이때 일본은 동남아시아 진출을 노리고

폴란드를 침공하는 나치의 기갑 사단

있었습니다. 그런데 미국이 이를 막자 1941년 12월에 하와이 진주만의 미군 기지를 기습적으로 공격했습니다. 이 사건으로 미국이 전쟁에 뛰어들었지요. 영국 침략에 실패한 독일이 상호 불가침 조약을 무시하고 소련을 침략하자, 소련 역시 참전을 결정했습니다.

일본의 공습으로 침몰한 진주만의 미 해군 군함

이로써 독일, 이탈리아, 일본으로 구성된 '추축국'과 영국, 프랑스, 미국, 소련, 중국 등으로 구성된 '연합국'이 맞붙게 되었습니다. 추축국이 싸움에서 밀리자 이탈리아가 가장 먼저 손을 들었습니다. 결국 독일도 항복했고, 히틀러는 스스로 목숨을 끊었습니다. 한편, 일본은 히로시마와 나가사키에 미국의 원자 폭탄이 떨어지고 나서야 항복을 선언했습니다. 이로써 1945년 8월, 제2차 세계 대전이 끝을 맺게 되었지요.

who? 지식사전

1940년, 서유럽 점령에 기뻐하는 무솔리니(왼쪽)와 히틀러(오른쪽)

전체주의

히틀러가 통치하던 독일은 전체주의 국가입니다. 전체주의란 민족이나 국가 같은 전체를 위해 개인의 자유를 억누르고 제한해도 된다는 사상입니다.
히틀러의 전체주의를 나치즘이라고 하는데, 그 핵심은 극단적인 민족적 우월감에 바탕을 둔 반유대주의였습니다. 유대인에 대한 광적인 증오심을 품고 있던 히틀러는 제2차 세계 대전 기간 동안 약 600만 명의 유대인을 학살하는 만행을 저질렀습니다.
이탈리아에서도 전체주의가 퍼져 있었는데, 무솔리니가 내세운 파시즘입니다. 파시즘은 '묶음', '결속'을 의미하는 이탈리아어 '파쇼(fascio)'에서 유래한 말입니다. 이것은 전체주의적인 이념을 일컫는 대명사로 쓰이기도 합니다.

넷 두 개의 독일과 통일

제2차 세계 대전 후 소련의 영향으로 동유럽 여러 나라가 공산화되었고, 중국에서도 독자적인 공산주의 정권이 들어섰습니다. 이제 세계가 자본주의 진영과 공산주의 진영으로 나뉘게 되었지요. 전쟁이 끝난 뒤 연합국은 독일을 함께 통치하기로 합니다. 하지만 연합국 내 두 진영은 상대방이 독일을 제 편으로 끌어들일까 봐 서로 경계했지요. 이런 긴장 속에서 결국 영국, 미국, 프랑스가 관리하던 곳은 자본주의 서독(독일 연방 공화국)이 되었고, 소련이 관리하던 곳은 공산주의 동독(독일 민주 공화국)이 되었습니다.

한편 서독은 경제적으로 미국의 지원을 받을 수 있었던 반면, 동독은 소련의 도움을 받지 못했습니다. 공산당 정부는 주로 국방에 신경을 썼기 때문에 동독의 경제는 점점 어려워졌습니다. 사실 동독만 이런 문제를 겪는 것이 아니었습니다. 공산주의 진영 국가들은 모두 같은 문제로 고민했지요.

이에 소련 공산당 서기장 고르바초프는 개혁 · 개방 정책을 추진하는 동시에, 양 진영 사이의 핵무기 개발 경쟁을 축소해 나가자고 제안했습니다. 이런 정책은 전 공산주의 진영으로 확산되었지만, 이미 무너진 공산주의 체제를 살려 낼 수는 없었습니다. 여러 유럽 나라에서 공산주의를 포기하기 시작했지요.

1989년 11월, 통일과 자유에 대한 열망에 차 있던 동독 사람들은 분단의 상징인 베를린 장벽을 허물었고, 서독 총리 헬무트 콜은 통일 독일의 국제적인 위치와 영토, 국방 문제 등을 규정한 조약을 추진했습니다. 동독과 서독, 소련 · 미국 · 영국 · 프랑스 사이에 '2+4 조약'을 체결하여 통일 독일의 주권을 보장받은 것입니다. 이리하여 독일은 1990년 10월 3일, 다시 통일을 이루게 되었습니다.

공산 진영의 개혁 개방 정책을 추진했던 미하일 고르바초프

4 저항의 시대

몇 년이 지나 앙겔라는 고등학교 졸업반이 되었습니다.
당시는 베트남 전쟁이 한창이던 시기였습니다.
모두 주목해라.
너희도 알고 있겠지만

지금 베트남에서는
사회주의를 지키기 위해
전쟁이 벌어지고 있다.

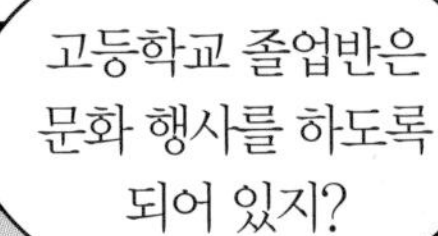
고등학교 졸업반은
문화 행사를 하도록
되어 있지?

올해의 문화 행사 주제는
'아시아의 동지를 위하여'
이다.

아시아의
동지를 위하여?
웅성
웅성
뭘 어떻게
해야 하는 거지?

조용히 해!
탕
탕
움찔

베트남 인민들에게
힘이 될 수 있는
문화 행사를 기획해라.
같은 사회주의 국가로서
또 사회주의 친구로서!
친……구?

선생님이 나간 후 앙겔라는 친구들과 문화 행사에 대해 논의했습니다. 앙겔라는 프라하의 봄 이후 사회주의에 반감을 가지고 있었기에 문화 행사의 주제가 마음에 들지 않았습니다.
이건 부당해. 문화 행사는 우리 졸업반을 위한 행사야. 베트남을 위한 행사가 아니라고.
맞아. 베트남 사람들은 어차피 알지 못할 텐데, 다 의미 없는 짓이야.

독립심이 남달랐던 앙겔라는 어느새 친구들을 이끌어 가는 리더십을 갖추고 있었습니다.
우리의 뜻대로 하자. 우리만의 추억이 담긴 행사를 만드는 거야.
좋아.
나도 좋아.
그래, 앙겔라!

얼마 후, 문화 행사가 열렸습니다. 행사가 정부 의도대로
잘 진행되고 있는지 체크하기 위해 장학사가 방문하였습니다.
부우웅

저희가 준비한 행사는 시 낭송과 노래입니다.
아시아의 동지를 위한 문화 행사
시인은 크리스티안 모르겐슈테른. 제목은 민초들의 삶.
갸웃
갸웃
이게 베트남과 무슨 상관이지?

보라, 네 자신
앞에 잠복하라!
시아의 동지를 위한 문화 행사
그렇지 않으면 너도
장벽 위의 민초에
지나지 않으리니.
앙겔라와 친구들이 준비한
내용에서는 베트남을
연상할 수 있는 단어가
어디에도 없었습니다.
끄응
다음엔 노래를
부르겠습니다.
앙겔라는 자기가 좋아하는 비틀즈의
노래를 불렀습니다.
당시 영어는 적국의 언어라고 하여
금기시되고 있었습니다.
Yesterday All my troubles
seemed so far away,
Now it looks as though they're
here to stay,
Oh, I believe in yesterday
Suddenly …

도대체 지금 이 학생들이
뭘 하고 있는지
모르겠군.
척
벌
떡

저 학생들은
오늘 일에 대해 반드시
대가를 치르게 될 거요.

장학사님!
장학사님!
성
웅성
후다닥
쿵쿵

사무실로 돌아온 장학사는 이 사건을 사회주의에 대한 도전이라고 생각하였습니다. 장학사는 시인 크리스티안 모르겐슈테른을 찾아보았습니다.
부르주아 시인의 시를 낭송하고 적국의 언어인 영어로 노래를 부르다니. 학생들의 사상이 의심스럽지 않은가?
역시 부르주아 성향의 시인이군.
이 사건은 정식으로 정부에 보고해야 해.
탕
며칠 후 학교는 발칵 뒤집혀 학부모들을 모두 불렀습니다. 이 자리엔 앙겔라의 아버지 카스너도 있었습니다.
여러분의 자녀들이 정부 정책에 반하는 일을 벌였습니다. 사상이 매우 의심되며 정부 차원에서 강력한 처벌이 있을 것입니다.

카스너는 혹시 딸이 잘못될까 봐 맹렬히 항의했습니다.
그게 무슨 말입니까? 아직 어린 아이들입니다. 잘 몰라서 한 일을 가지고 강력한 처벌이라니요!
아이들이 한 일을 정부 차원에서 처벌한다니 말도 안 되는 일입니다.
난 집권당인 독일 사회주의 통일당의 간부입니다.
내 이름을 걸고 약속하는데 이 아이들은 결코 처벌받지 않을 거요.
탕
이미 제 손을 떠났어요. 정부의 문제란 말입니다!

부모님들은 무슨 이야기를 하고 계실까? 별일 없겠지?

걱정 마. 무슨 일이 생기면 내가 다 책임질 테니. 어차피 주도한 건 나니까.
무슨 소리야? 앙겔라. 그건 우리 모두의 결정이었어.
맞아. 너 혼자 책임지겠다는 소린 하지 마. 벌을 받아도 우리가 다 같이 받아야 돼.

부모님들은 탄원서를 제출하고 정부 기관을 찾아가 사정도 하였습니다.

그러는 동안 학생들에게도 강도 높은 조사가 이루어졌습니다.
시인 크리스티안이 부르주아를 지지하는 성향인 걸 알고 있었지? 똑바로 대답해!
몰랐습니다.

넌 왜 영어로 된 노래를 불렀어?
특별한 의도는 없었습니다. 그냥 유행가였기 때문에 부른 겁니다.

얼마 후, 징계가 결정되었습니다.
최종 징계 사항이다.

문화 행사에 참여했던 학생들은 자유 독일 청년단의 지도 하에 정치 문화 행사에 적극 참여하라.

후우
다행히 가벼운 징계였습니다.
학부모들의 노력 덕분이었습니다.

선생님,
그건 부당해요.
우린 징계를 받을
정도로 잘못하지
않았어요.
뭐라고?

이 정도의 징계로
끝난 것을 감사해야 해.
더 이상 이 일에 대해
왈가왈부하면 징계를
추가하겠다! 앙겔라!

앙겔라는 입을 다물었지만 가슴속에선 여전히 의문이 남았습니다.
쾅
이 정도 일이
정부가 나서서
징계를 결정해야
할 일이라고?
말도 안 돼.

앙겔라는 다음 해에 카를 마르크스 대학 물리학과에 진학합니다.
우리 카를 마르크스 대학은 그 이름에서 알 수 있듯 명예로운 대학입니다. 사회주의가 카를 마르크스의 철학에서 나왔다는 것을 생각해 보십시오.
그렇게 대단한 분의 이름을 쓸 수 있다는 것이 얼마나 영광스러운 일인지 알아야 하며…….
이해할 수 없어. 마르크스는 모두가 평등하다고 했는데 왜 우린 마르크스를 존경해야 하지?
앙겔라를 놀라게 한 것은 또 있었습니다.
세상에!
왜 그래?

시간표 봤어? 물리학과에서 왜 사회주의 이론을 배우는 거지?
몰랐어? 이 학교에서는 꼭 사회주의 이론 수업을 들어야 해. 어느 과에 가든 마찬가지야.

과학을 전공하는데 도대체 왜 이념이 필요한 거야?
투덜

너 서독 사람처럼 말하지 마. 큰일 나.

EXIT
드르륵

오늘 수업은 뭐지요?
마르크스의 생애와 철학입니다.

아, 그렇군.
그럼…….

난 물리학을
배우고 싶다고……
물리학.

카를 마르크스 대학은 현재 라이프치히 대학으로,
수백 년의 전통을 가진 학교였습니다.
겉으로는 사회주의 체제에 순응하는 듯 했지만
속은 달랐습니다. 특히 교수들은 학교의 전통을
살리고 싶었습니다.
그럼 오늘은
이론 물리학
수업을 합시다.
반응들이 왜 이렇죠?
물리학과에서 물리학
수업을 한다는 것이
이상한가요?

교수님,
수업 시간표를 보면
지금은…….
알아요. 하지만
난 여러분에게
묻고 싶습니다.

여러분은 물리학을 배우러
물리학과에 온 것입니까?
사회주의를 배우러
물리학과에 온
것입니까?
물리학을 배우고
싶어서입니다!
벌
떡

그렇지요?
그럼 다른 생각
말고 물리학을
배웁시다.
허
허...

세상에…… 내가
잘못된 게 아니었어.
저 교수님처럼 사람은 양심에
따라 움직이는 거야.
정부가
강요하는 대로
살지 않아.
물리
란

한편 1975년. 동독 정부는 서독과의 모든 관계를 끊어 버리겠다는 발표를 합니다.
동독은 하나의 독립된 국가이며 서독과의 모든 관계를 부정합니다.

이게 대체 무슨 소리지? 이제 통일은 하지 않겠다는 소리인가?

통일의 가능성을 아예 막아 버리겠다는 선언이야. 이대로라면 독일은 영원히 다시 통일할 수 없어.

정부의 발표에 동독의 지식인들은 분노했습니다.
지식인 공동 기자 회견
정부는 통일의 가능성을 영원히 닫아 버리는 성명을 발표했다. 나는 이에 격렬히 반대한다!
펑
펑

동독 정부는 이들을 탄압하여 감옥에 넣기 시작했습니다. 이에 수많은 지식인들이 동독의 탄압을 견디지 못하고 서방 세계로 탈출하였습니다.

이러한 동독의 조치는 대학생들의 반발을 불러왔습니다. 거리에는 동독 정부의 조치에 반대하는 대학생들의 시위가 끊임없이 벌어졌습니다.
와
와
아
동독은 독일 통일의 가능성을 막지 말라!
지식인들을 석방하라!
우리는 동독에 반대한다!
지식인을 석방하라
통일
통일을 막지 마라
지식인을 석방하라

앙겔라 역시 시위에 참여하였습니다. 동독의 변화와 더 나은 미래를 위해 참을 수 없었던 것입니다.
지식인을 석방하라
우리는 동독의 정책에 반대한다. 서독과 동독은 하나의 국가이다!

막아!
당장 저지해.
우르르르

경찰이다.
척
와아
물러서지 마!

동독 정부는 시위대를 강력하게 압박했습니다.
아
아
아

퍽
우리는 하나의
독일을…… 앗!

퍽
퍽

시위가 계속될수록 동독 정부는
더욱 강력하게 시위대를 압박했습니다.
빨리빨리
움직여!

앙겔라는 시위대가 진압을 당하고 실패하자
결국 동독의 사회에 순응하는 길을 택했습니다.
노력했지만 아무것도
바꾸지 못했어. 이럴 바엔
그냥 동독의 세상에
순응할 수밖에 없어.

통합 지식+ 4

독일의 철학자

독일에는 유럽 철학의 역사를 바꾼 뛰어난 철학자가 많이 있습니다. 오랫동안 통일 국가를 이루지 못하고 여러 왕국으로 존재했던 탓에 강력한 통제력을 지닌 중앙 정부가 없었고, 이런 정치적 환경에서 자유롭게 사상과 철학이 발전할 수 있었지요. 비교적 서로 왕래하기 쉬운 지형적 요건과 언어 장벽이 없었다는 점 또한 독일에서 철학이 발달한 배경으로 여겨집니다. 그럼 독일을 대표하는 철학자들을 만나 볼까요?

독일 관념론을 대표하는 철학자 칸트

하나 임마누엘 칸트 (1724~1804년)

어릴 때부터 몸이 약했지만 규칙적인 생활을 통해 허약한 체질을 극복한 것으로 알려져 있습니다. 하루 일과를 어찌나 정확하게 지켰는지 이웃들이 칸트의 행동을 보고 시간을 맞출 정도였다고 합니다.

칸트는 대학을 졸업한 후 먹고살기 위해 가정 교사, 시간 강사, 왕립 도서관 사서 등으로 일하며 철학을 연구했습니다.

비판 철학의 창시자로 일컬어지는 칸트는 인간의 이성과 인식에 대한 비판과 고찰로 철학적 토대를 세우려 했으며, 모든 사람이 지켜야 하는 절대적이고 보편적인 도덕 원칙이 있다고 주장했습니다.

칸트의 《순수 이성 비판》은 지식의 본성과 근거에 대한 기존의 이론을 비판하는 내용을 담고 있으며, 서양 철학의 역사에 한 획을 그었다고 평가됩니다.

이야기를 나누는 칸트와 그의 학자 친구들

둘 게오르크 빌헬름 프리드리히 헤겔 (1770~1831년)

어린 시절부터 신문 기사나 책의 내용을 요약하여 외울 만큼 똑똑했습니다. 다양한 분야에서 두각을 나타내는 모범생이었지요. 헤겔은 신학 대학에 입학했지만 철학 공부에 몰두했습니다. 졸업 후에는 가정 교사를 거쳐 13년 동안 대학의 철학 시간 강사로 일하며 《정신현상학》을 썼습니다. 《정신현상학》은 인간의 의식이 여러 가지 경험을 통해 진리를 파악해 가는 과정을 다루고 있습니다. 헤겔 철학의 출발점이자 철학 고전으로 유명합니다. 헤겔은 역사는 자유가 실현되는 과정이라고 생각하여, 시간이 흐를수록 왕이나 황제에게만 주어졌던 자유가 모든 사람에게 주어지는 시대로 나아간다고 주장했습니다. 또한 이 세상 모든 운동이나 활동은 대립과 모순을 바탕으로 발전하는 '변증법'을 거친다고 주장했습니다. 이런 생각은 그의 저서 《논리학》에 잘 드러나 있습니다.

독일 슈투트가르트에 있는 헤겔의 생가 ⓒ ReqEngineer

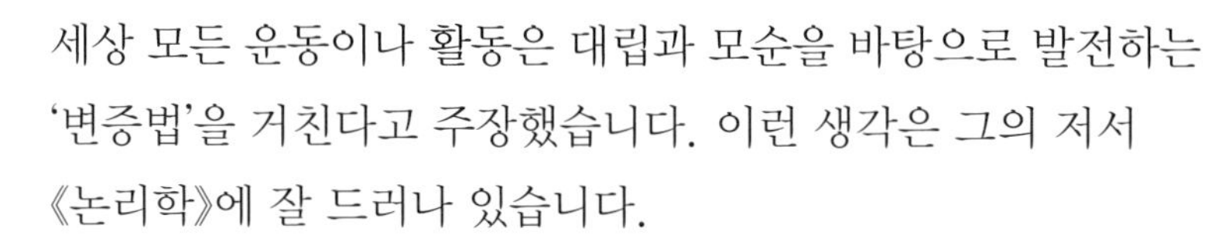

이후 헤겔은 열렬히 지지했던 프랑스 혁명이 혼란으로 이어진 데 실망하여, 개인의 자유와 사회의 자유가 함께 실현될 수 있는 이상적인 공동체로 입헌 군주제 국가를 제안했습니다. 프로이센은 이런 주장을 반기며 헤겔을 최고의 철학자로 대우했습니다. 이런 일 때문에 오늘날 헤겔에 대한 평가가 엇갈리기도 하지만, 그가 서양 사상사에 커다란 영향을 끼쳤다는 것은 이견이 없는 사실입니다.

베를린 미테에 있는 헤겔의 흉상
ⓒ Daderot

셋 프리드리히 니체 (1844~1900년)

목사 집안에서 태어난 니체는 어린 시절 《성경》을 줄줄 외워 '꼬마 목사'라고 불리기도 했습니다. 본인도 목사가 될 것이라고 생각했습니다.

니체는 독일의 염세주의 철학자 쇼펜하우어의 책을 읽고 철학에 관심을 갖게 되었습니다. 이 시기에 작곡가 바그너를 만나 쇼펜하우어의 사상을 매개로 각별한 친분을 쌓기도 했지요. 이후 문헌학자로서 뛰어난 능력을 인정받아 스물다섯 살에 대학 교수가 되었습니다.

1882년 9월에 찍은 니체의 사진 ⓒ Anton

니체는 교수로 활동하며 《비극의 탄생》 등의 책을 썼습니다. 하지만 건강 악화로 그만두게 되었고, 이후 철학 연구를 이어 가며 《선악의 저편》, 《차라투스트라는 이렇게 말했다》와 같은 주요 작품들을 내놓았지요.

니체는 기독교 정신이나 도덕과 같은 전통적 가치가 인간을 구속한다고 보고 새로운 삶의 원리를 세우려고 했습니다. 그래서 "신은 죽었다."라는 대담한 선언과 함께 인간이 지향해야 할 절대자로서 '초인'을 제시했지요. 그의 사상은 나치에 의해 입맛대로 이용되기도 했지만, 직관이나 체험을 통해 삶을 파악하고자 하는 실존 철학을 대표하며 현대에도 큰 영향을 끼치고 있습니다.

니체가 철학 교수로 있었던 바젤 대학교
ⓒ Ralf Roletschek

넷 카를 마르크스 (1818~1883년)

대학에서 인문학을 배웠지만, 적성에 맞지 않은 것을 깨닫고 학교를 옮겨 법학과 역사학, 철학을 공부했습니다. 마르크스는 특히 헤겔의 철학에 관심을 갖고 관련 모임에서 활발히 활동했습니다. 졸업 후 신문 기자로 활동하다가 신문사가 문을 닫자 프랑스 파리로 갔는데, 그곳에서 평생의 동지가 되는 엥겔스를 만나게 됩니다.

그 후 유럽 여러 도시를 떠돌며 생활하던 마르크스는 엥겔스와 함께 런던 공산주의자 동맹에 가입하고, 《공산당 선언》을 발표했습니다. 자본주의가 몰락하고 노동 계급이 지배 계급이 될 것이라는 내용이었지요. 소련의 해체로 사회주의는 실패했다는 평가를 받고 있지만, 마르크스의 사상이 자본과 노동에 대한 인식을 새롭게 했을 뿐만 아니라 자본주의의 문제점을 짚고 해결 모색을 촉구하는 역할을 한 것만은 틀림없답니다.

마르크스의 또 다른 대표적인 책으로는 자본주의와 시민 사회에 대한 비판을 담은 《자본론》이 있는데, 이 책은 '사회주의의 성경'이라고 불리고 있습니다.

경제학자이자 정치학자이기도 했던 마르크스

1848년에 발간된 《공산당 선언》초판 ⓒ Bulver

who? 지식사전

유물론

마르크스 사상의 특징은 유물론입니다. 유물론이란 사물이 인간의 마음, 정신과 관계없이 그 나름대로 존재한다고 보는 이론이지요. 보통 마음이나 정신을 우선으로 하는 관념론과 반대되는 말로 사용됩니다.

마르크스는 "지금까지 존재한 모든 사회의 역사는 계급 투쟁의 역사이다."라고 했습니다. 이 말은 마르크스가 역사에 대해 어떻게 생각하는지 잘 보여 주지요.

마르크스는 사회가 모순과 부정을 통해 발전하려는 본성을 가지고 있다고 했습니다. 이런 주장은 헤겔의 변증법을 비판적으로 받아들인 데서 나오게 되었습니다. 헤겔은 역사가 정신적인 힘으로 발전한다고 생각한 반면, 마르크스는 물질적인 세계 자체에 발전하려는 성질이 있다고 생각한 것입니다.

Who?

5 정치에 뛰어들다

앙겔라는 12년 동안 연구에 매진하여
선임 연구원이 되었습니다.
뉴스 봤어요?
뉴스요.
벌컥
무슨 뉴스?
빨리 빨리
나와 봐요, 어서요.
지금 모두 휴게실에
모여 있어요.
헉

1985년, 고르바초프가 소련의 지도자가 되었습니다. 고르바초프는 자유주의 경제 체제를 따르는 페레스토로이카 정책을 내걸었습니다.

사회주의 안에서 소련의 경제는 나날이 후퇴했습니다. 이제 시장 경제를 받아들여야 할 때입니다.

봤죠? 봤죠? 소련이 자유 경제를 받아들였어요.

놀라워. 내가 어렸을 때 소련은 체코에 탱크를 들이대며 수십만 명을 죽이면서까지 사회주의를 지키려 했던 나라인데…….

소련이 이렇게 변하면 우린 어떻게 되는 거지?
동독에도 자유의 물결이 일어나지 않을까요?

1986
문화협회장
앙겔라의 말대로 소련의 변화는 곧 동독과 서독간의 관계에도 영향을 끼쳤습니다. 1986년 동독과 서독 사이에 문화 협정이 체결된 것입니다. 동독 곳곳에서는 다시 서독과의 통일을 촉구하는 시위가 일어났습니다.

독일 통일을 위하여
통일 독일
하나의 독일
통일
독일 통일을 위하여!
독일은 하나의 국가이다!

시위가 걷잡을 수 없이 확대되자 동독의 지도자 크렌츠는 서독 방문을 조만간 자유롭게 하겠다는 성명을 발표했습니다.
조만간 동·서독간의 교류와 왕래를 확대할 것입니다.

하지만 이 성명으로 인해 지금 당장 서독에 갈 수 있다는 소문이 나돌기 시작했습니다.
이제 서독에 자유롭게 갈 수 있대.
당장 내일 서독으로 갈 수 있대.
아, 그래? 그럼 내일이라도 넘어갈 수 있게 준비해야지.
뭐? 그럼 몇 시간밖에 안 남았잖아.

마침내 1989년의 어느 날
띠리리리링
아침 먹는 중인데 왜? 연구소에 무슨 일 있어?

팀장님,
지금 뉴스 좀 보세요.
엄청난 뉴스가
있다고요.
엄청난 뉴스?
딸칵
이곳은
동독의 인민들이
린 장벽을 허물고
서베를린으로
출한 곳입니다.
여기뿐만 아니라
곳곳에서 시민들이
베를린 장벽을 허물고 있으며
국경 수비대는 막지
않고 있습니다.
응?

동독인들이 지금껏 서독과의 교류를 막고 있던
베를린 장벽을 부수기 시작했던 것입니다.
쾅
쾅

1989년 11월 9일, 마침내 베를린 장벽은 상징할 수 있는 일부 구간만을 남긴 채 모두 무너졌습니다.

모두가 독일의 변화에 들떠 있을 때
앙겔라는 여전히 신중했습니다.
대체 왜들 이렇게 난리람? 나도 대학 다닐 때 세상을 바꿔 보겠다고 열심히 시위도 하고 저항도 했지.
하지만 바뀌지 않더라고. 베를린 장벽이 무너졌다고 독일이 통일되는 건 아니야.

이대로라면 곧 통일이 되지 않을까요?
동독과 서독은 행정적으로 너무 오랫동안 갈라져 있었어. 통일 정부를 구성하려면 적어도 10년은 지나야 할걸? 아니, 200년 이상 걸릴지도 모르지.

그렇게 오래 걸릴까요? 우리는 당장 1~2년 안에 통일될 거라고 생각하는데요.
고작 1~2년이라니? 말도 안 돼.

앙겔라는 독일의 통일은 아직 때가 이르다고 생각했습니다. 그러던 어느 날, 앙겔라는 폴란드로 출장을 갔습니다.
그아아앙

폴란드에서도 관심은 모두 독일의
통일에 대한 내용이었습니다.
앙겔라 씨,
독일 통일은 언제
될 것 같아요?

통일요?
아직 멀었어요.

그런가요? 우리는
수년 내에 독일이
통일될 거라고
믿고 있는데요?
네?
농담이시죠?
곧 동독에서 선거가 있잖아요.
독일 통일을 주장하는 정당이 정권을
잡을 거예요. 그러면 통일에
가속도가 붙겠죠.
어쩌면
내가 생각하는 것보다
훨씬 빨리 세상이
변하는 게 아닐까?

앙겔라는 출장에서 돌아온 후 상관 클라우스에게 출장 업무를 보고했습니다.
수고했어. 특별한 일은 없었겠지?
네, 업무는 순조로웠습니다.

모두들 업무보다 독일 통일에 관심이 더 많더라고요. 다가오는 총선 이후 독일이 통일될 거라고 하더군요.
그 말은 다른 일은 순조롭지 않았다는 이야기인가?

뭐라고?

독일이 통일되면 이 연구실이 사라질 수도 있는 거잖아?
우리도 뭔가 대비를 해야 하지 않을까요?

그 후 클라우스와 앙겔라는
통일 독일에 대비하기 위해서
정보를 찾았습니다.
혹시
통일에 대해
아는 거 없어?
글쎄요
…….

혼자서
아무리 정보를
찾아봤자
소용이 없어.

응?

새로운 시대 !!
통일독일의 시대는
민주변혁과 함께 !!

민주 변혁이라…….
그래, 정당에 가입하면 제대로 된 정보를 얻을 수 있을 거야.
민주 변혁은 원래 시민 단체였는데, 통일 독일의 시대를 대비하기 위해 새롭게 정당이 된 곳이었습니다. 앙겔라는 이런 곳이 자신 같은 보통 사람을 대변한다고 생각했습니다.
나 같은 평범한 사람에겐 여기가 맞는 것 같은데.
앙겔라는 민주 변혁의 전당 대회를 보러 갔습니다.
민주변혁당
민주 변혁 전당 대회
새로운 시대 !!
통일 독일의 새로운 시대는 민주 변혁이 함께 합니다
민주 변혁 전당 대회
여러분이 주인공

전당 대회에서 민주 변혁의 대표인 볼프강은 총선에서의 승리를 확신하고 있었습니다.
우리는 서독과의 통일을 추구하며 이에 대비하는 것을 당의 강령으로 삼고 있습니다.
다가올 총선에서 우리는 동독 국민들의 지지 아래 20%의 지지율을 거둘 것을 확신합니다.
새로운 시대!!
통일 독일의 시대 민주 변혁과 함께 합시다!!
민주
아
아
아
아
통일 독일의 시대……
나도 이 당과 함께하겠어.
꼬옥
앙겔라는 민주 변혁의 전당 대회에 참가해 마음을 굳혔습니다.

앙겔라는 직장에 휴가를 내고 본격적으로
민주 변혁 사무실에서 일하게 되었습니다.
앙겔라는 시키지 않은 일도 찾아내어
척척 처리하며 누구보다 열심히 일했습니다.
민주변혁당
민주 변혁
새로운 시대 !!
통일 독일의 새로운 시대

선거전에 붙일
포스터 주문을 했는데
아직 안 와서 연락드렸어요.
빨리 처리해 주세요.

기부금
처리요.

글쎄 그게 벌써
사흘 전이라니까요?
슥
슥

앙겔라,
혹시 이거
뭔지 알아요?
잠깐만.

무슨 말인지 하나도 모를
서류가 사무실로 왔어요.
뭔데?

이건 입후보
서류잖아. 입후보
지원 양식은 저쪽
A구역에 가져다 놔.

민주 변혁은 독일 통일 분위기를 타고 베를린 장벽이 무너진 후 생긴 신생 정당이어서
사람이 별로 없었습니다. 때문에 앙겔라의 유능하고 신속한 일처리는 여러 사람의 눈에 띄었습니다.
흠…… 혼자서 수표 처리에
물량 주문에 서류 구분까지.
유능한 사람이야.

* 대변인: 어떤 사람이나 단체를 대신하여 의견을 표하는 일을 맡은 사람

대변인은 정당의 정책이나 공식적인 입장,
성명 등을 발표하는 정당의 얼굴입니다.
대변인을 맡으면서 앙겔라는 본격적으로
정치에 입문하게 됩니다.
대변인…….

내가 원하는 일이
독일의 미래를
대비하는 것일까?

아니면
직장에서
월급을 받으며
하루하루
사는 걸까?
무엇이 더 가치 있는
일인가를 생각해야 해.
그렇다면!

생각할 시간을
드리겠습니다.
아니요,
결정했어요.

전 불과 10분 전까지
정치인이 될 거라곤
꿈에도 생각하지
않았어요.
하지만 이 나라에 작은
힘이라도 보탤 수 있다면
그것이 더 가치 있다고
생각해요.

하겠어요,
대변인!

앙겔라는 독일 통일에 힘을 보태고 싶었습니다. 그것이 개인의 삶을 추구하는 것보다 더 가치 있는 일이라고 생각했기에 민주 변혁의 대변인이 되었습니다. 불과 한 달 전만 해도 평범한 연구원이었던 그가 정치에 뛰어든 것입니다.
주변혁당
민주 변혁은 선거에서 승리하게 되면 서독과의 통일을 가장 빠르게 실현할 정당입니다.
이에 같은 뜻을 가진 독일의 기독 민주당과 사회 민주당, 독일 사회 연합 등과 〈독일을 위한 동맹〉을 결성했습니다. 우리는 이 동맹의 중심이 되어 반드시 승리하겠습니다!
펑
펑
1990년 동독의 마지막 선거가 열렸습니다. 민주 변혁은 동독 기민당(기독 민주당), 독일 사회 연합 등과 연합하여 공동 정부를 꾸리기로 약속하였습니다.
선거관리위원회
제1투표
누구 찍을 거야?
난 통일을 주요 정책으로 내세운 정당.
어차피 정당들이 통일을 위한 동맹을 맺었으니 아무 당이나 찍어도 상관없잖아?

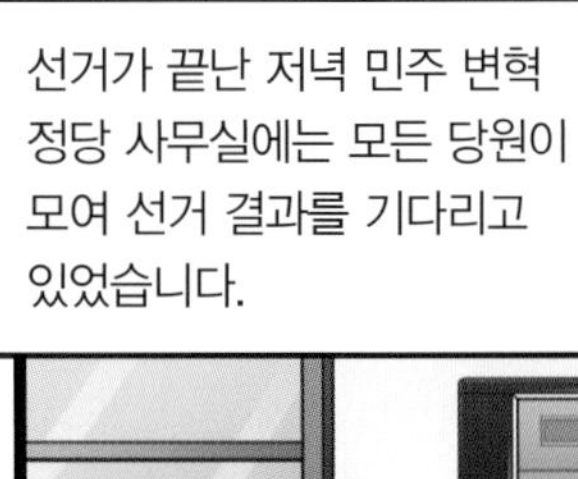
선거가 끝난 저녁 민주 변혁 정당 사무실에는 모든 당원이 모여 선거 결과를 기다리고 있었습니다.

당 득표율입니다.
기민당이 무려 40%의 득표율을 보이며 선두를 달리고 있고요. 민주 변혁은 0.9% 득표율로 최하위를 달리고 있습니다.
최종 결과 민주 변혁은 0.92%의 득표율을 기록했고, 의원은 단 4명만 당선되었습니다. 선거 참패였습니다.

이…… 이럴 수가. 이 정도로 외면받다니.

말도 안 돼.
이건 정당을 해체 해야
할 수준이잖아.

지난날의 선거 준비와 선거 활동, 그리고 승리할 것이라는 자신감이 주마등처럼 지나갔습니다. 앙겔라는 좌절했습니다.
이 정도의 득표율이라면
민주 변혁은 이대로
사라질 거야. 정녕 내가
잘못 판단한 걸까?

통합 지식+ 5

독일의 랜드마크

독일은 건축 분야가 발달한 나라입니다.
현대 독일 건축은 절제된 디자인과 실용성, 장인 정신으로 대변되지만, 과거부터 전해 오는 여러 건축물들은 각 시대의 문화와 예술적 특징에 따라 서로 다른 특징을 보여 줍니다.
그럼 독일의 역사를 그대로 품은 대표적인 건축물에 대해 알아볼까요?

프로이센의 네 번째 왕 프리드리히 빌헬름 2세 © Jdsteakley

하나 브란덴부르크 문

베를린의 파리저 광장에 있습니다. 1791년, 프로이센의 프리드리히 빌헬름 2세가 나라 안팎에 제국의 힘을 과시하기 위해 세운 개선문입니다. 개선문은 전쟁에서 이기고 돌아오는 군사를 환영하고 기념하기 위해 세운 문이지요.
브란덴부르크 문은 높이 26미터, 가로 65.5미터, 폭 11미터에 이르며 앞뒤로 각각 여섯 개의 원형 기둥이 있습니다. 문 한가운데에는 청동으로 만든 '전차에 탄 승리의 여신상'이 놓여 있습니다.
브란덴부르크 문은 독일이 동서로 나뉘어 있던 시절 독일 분단의 상징이었습니다. 1961년에 베를린에 장벽이 세워진 후, 이 문을 통해 동독과 서독을 오가는 일이 금지되었기 때문입니다. 하지만 독일이 통일을 이룬 현재는 통일 독일과 화합의 상징이 되었습니다. 주요한 문화, 예술, 스포츠 행사가 열리며, 세계적인 관광지로도 유명합니다.

독일의 상징이자 대표 관광지 브란덴부르크 문

둘 노이슈반슈타인성

퓌센의 동쪽에 있는 성으로, 바이에른의 왕이었던 루트비히 2세가 건축하였습니다. 바이에른은 19세기 독일 지역에서 오스트리아, 프로이센에 이어 세 번째로 힘이 센 왕국이었지만, 프로이센과의 경쟁에서 뒤처지게 되었습니다. 권력을 잃은 루트비히 2세는 이런 현실에서 도망치려는 듯 바그너의 음악과 중세풍의 성 건축으로 관심을 돌리게 되었지요. 그는 정치를 손에서 놓고 여러 성채를 짓기 시작했는데, 노이슈반슈타인성도 그중 하나입니다.

노이슈반슈타인성의 아름다운 모습

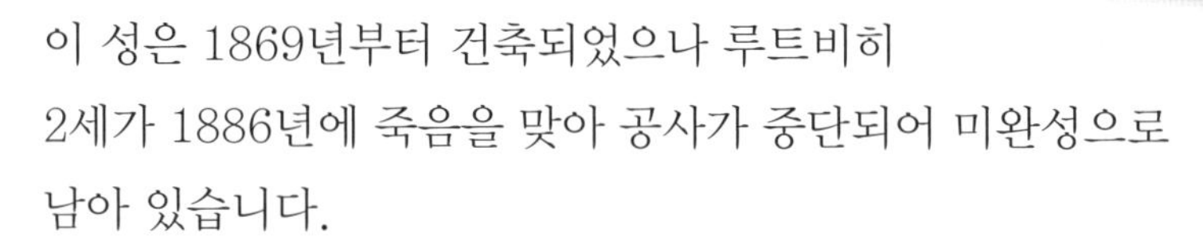
이 성은 1869년부터 건축되었으나 루트비히 2세가 1886년에 죽음을 맞아 공사가 중단되어 미완성으로 남아 있습니다.

노이슈반슈타인성은 루트비히 2세의 중세에 대한 동경이 그대로 드러나 있습니다. 성 안의 모든 방이 바그너 작품을 묘사한 그림과 조각으로 장식되어 환상적이고 아름답기로 유명합니다.

뿐만 아니라, 이 성에는 웅장한 규모와 신비로운 분위기의 로마네스크 양식, 비잔티움 제국 시대 교회의 특징을 보여 주는 비잔틴 양식, 높고 뾰족한 첨탑이 특징인 고딕 양식 등이 모두 적용되었습니다. 성은 처음 보더라도 낯익은 인상을 받게 되는데, 그 이유는 바로 디즈니랜드가 이 성을 모델로 하여 지어졌기 때문입니다.

음악으로 독일인의 민족성을 일깨운 작곡가 바그너

셋 슈베린성

슈베린시 중심에 위치한 호수의 슐로스인젤섬에 자리하며, 슈베린의 상징으로 꼽히고 있습니다. 독일뿐 아니라 전 유럽에서 가장 아름다운 성으로 꼽히는 슈베린성이 현재의 모습을 갖추게 된 것은 19세기 중반에 13년에 걸쳐 진행된 보수 공사 덕분입니다.

메클렌부르크 공작은 프랑스의 샹보르성을 참고하여 우아한 프랑스 르네상스 양식에 따라 황폐해진 슈베린성을 수리했습니다. 정원은 르네상스 건축 양식에 로마식을 첨가한 바로크 양식으로 꾸몄지요. 1918년에 독일이 공화국이 되면서 이 성은 국가 소유 박물관으로 꾸며졌고, 1990년에 동독과 서독이 통일한 후에는 메클렌부르크-포어포메른주의 의회 건물로도 사용되고 있답니다.

작은 석조 다리로 시내와 연결되어 있는 슈베린성

넷 쾰른 대성당

쾰른 대성당은 쾰른에 위치하고 있으며, 높이 157.38미터로 세계에서 세 번째로 높은 교회입니다. 이 성당은 성경에 나오는 세 동방 박사의 유골을 보관하기 위해 지어진 곳입니다. 신성 로마 제국 황제 프리드리히 1세는 이탈리아 원정에서 돌아오는 길에 전리품으로 동방 박사들의 유골을 가지고 와 1164년에 쾰른의 라이날트 대주교에게 선물로 주었습니다. 동방 박사들의 유골은 전 유럽의 기독교인들의 관심을 받게 되었고 순례의 발길이 끊이지 않게 되었지요. 1248년, 마침내 동방 박사들의 유골이 든 '성유물함'을 보관하고 기독교 순례자들을 맞을 대성당을 건축하기로

가톨릭 기독교 정신의 상징 쾰른 대성당

하는 결정이 내려졌고, 공사가 시작되었습니다.
하지만 비용 문제 때문에 공사가 280년 동안이나 중단되어 완공에는 약 600년이라는 시간이 걸렸습니다.

보석과 진주로 아름답게 장식한 성유물함

쾰른 대성당을 처음부터 이렇게 크게 지으려고 계획되었던 것은 아니었습니다. 주변에 있던 작은 교회가 화재로 사라지자, 그 부지까지 차지하게 되어 오늘날과 같은 크기가 된 것이지요.

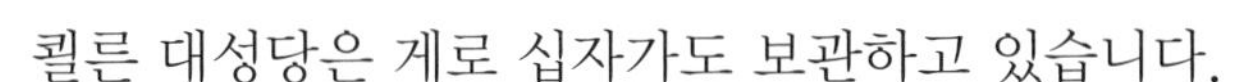
쾰른 대성당은 게로 십자가도 보관하고 있습니다.
이것은 튀르키예 이스탄불 지역에서 가져온 대형 십자가로, 게로라는 사제가 이 십자가를 가지고 성만찬을 열었을 때 기적이 일어났다고 전해집니다.
이렇게 오랜 역사와 재미있는 이야기를 간직한 쾰른 대성당은 1996년 유네스코 세계 유산으로 등록되었고, 고딕 양식을 대표하는 역사적인 건축물이자 관광 명소로서 독일인뿐 아니라 전 세계 사람들의 사랑을 받고 있습니다.

who? 지식사전

고딕 양식

2019년, 화재 피해를 입기 전의 노트르담 대성당

고딕 양식의 건축은 12세기에 프랑스에서 시작되어 유럽 여러 나라로 퍼지게 되었습니다. 당시 오랫동안 유행하던 로마네스크 양식 외에 새로운 것을 찾던 이들이 첨탑과 아치, 크고 긴 창문, 그리고 실내의 스테인드글라스 등의 특징을 갖는 고딕 양식을 만들어 낸 것입니다.
'고딕'은 원래 게르만족의 일파인 고트족과 관련된 것을 의미하는 단어인데, 여기에는 무시와 경멸이 담겨 있었습니다. 고트족은 로마 제국 시대 국경 근처를 침략했었고, 로마 제국의 유산을 물려받은 여러 유럽 왕국들은 그런 고트족을 야만족으로 생각했지요. 하지만 고딕 양식은 중세 시대 교회를 대표하는 건축 양식이 되었고, 세계적으로 유명한 파리의 노트르담 대성당과 영국의 웨스트민스터 대성당도 고딕 양식 교회입니다.

6 독일, 통일되다

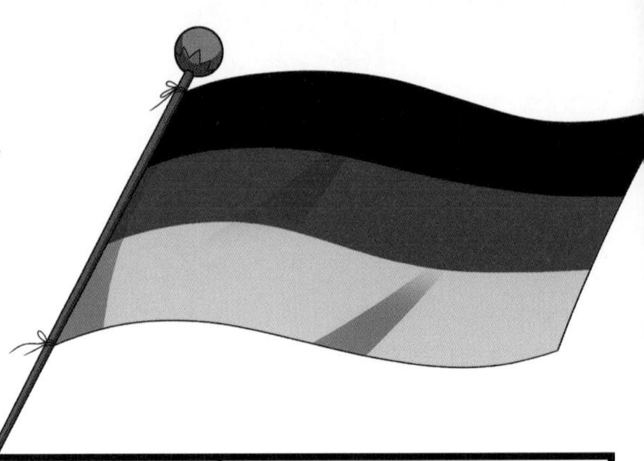

며칠 후 앙겔라는 민주 변혁 사무실에 들렀습니다. 선거 참패의 후유증인지 사무실은 거의 비어 있었습니다.

이제 정국은
기민당 중심으로
개편될 겁니다.

기민당에서는 동맹을 맺은
작은 정당에도 정부의
중요한 일을 맡기려고
하고 있죠. 당신은
독일 정부의 부대변인이
되는 거예요.

아, 그럼 민주 변혁은
어떻게 되는 거죠?
곧 기민당과
합할 거요.

우리 정부는 서독과의
통일을 위해 만들어진
정부입니다. 이제
독일 통일을 위해 박차를
가해 봅시다.
그리하여 앙겔라는 정부 부대변인의 자격으로
내각 회의를 옆에서 지켜볼 수 있었습니다.

일단 동·서독의
화폐부터
통일해야겠지요.
맞아요. 돈이
통일되어야 나라도
통일되는 거지.

1990년 5월 18일
이제 동독도
마르크화를 쓰게
되었습니다.
이로 인해
통일 독일로 한 발 더
나아가게 되었습니다.

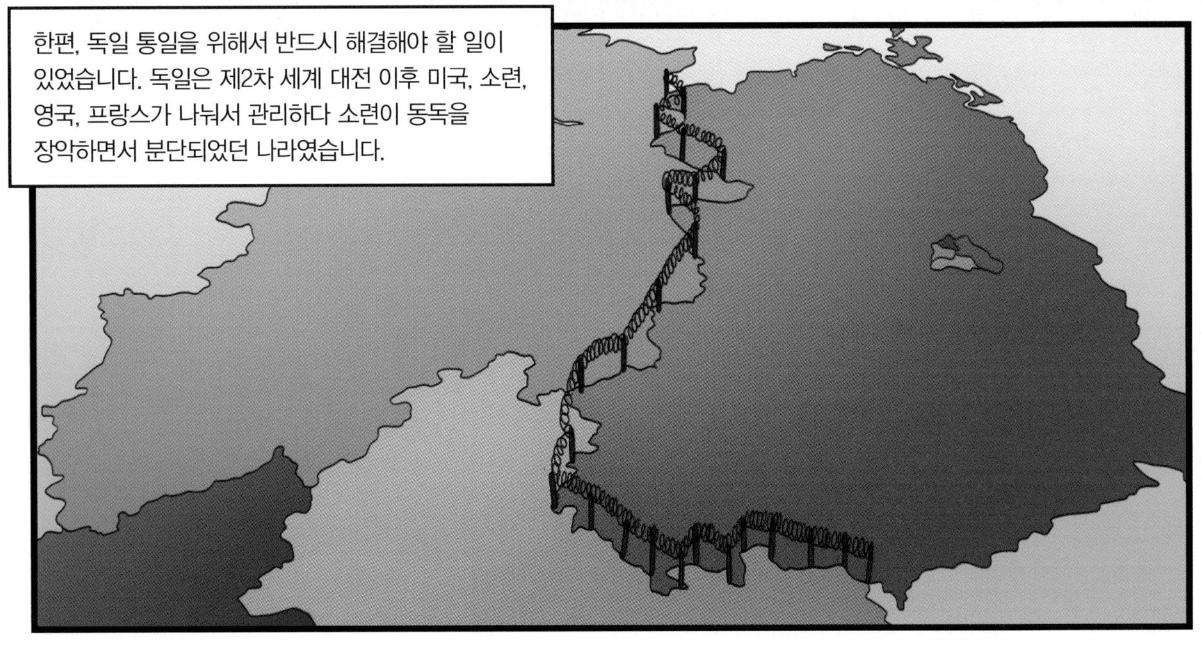
한편, 독일 통일을 위해서 반드시 해결해야 할 일이
있었습니다. 독일은 제2차 세계 대전 이후 미국, 소련,
영국, 프랑스가 나눠서 관리하다 소련이 동독을
장악하면서 분단되었던 나라였습니다.

완전한 독일 통일을 위해서 당시 4개국과 동·서독이 함께 해결해야 할 절차가 남아 있었습니다. 이 회담은 러시아에서 9월 12일 열렸습니다.
회담이 있기 전 동독의 로타어 데 메지에르는 앙겔라와 함께 지하철을 타고 러시아의 여론을 살폈습니다.
쏼라쏼라~
쏼라~
쏼라~
쏼라~
러시아 사람들이 대체 뭐라고 말하는지 알려주실 수 있습니까?
스탈린이 이룩한 것을 고르바초프가 잃어 가고 있다고 이야기하고 있어요.

그렇군요. 그럼 고르바초프가 있을 때 통일을 서둘러야겠군요. 만약 고르바초프가 권력을 잃으면 다시 동독이 소련의 영향력 안에 들어갈 거예요.

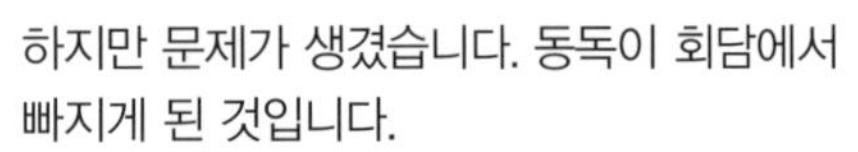
하지만 문제가 생겼습니다. 동독이 회담에서 빠지게 된 것입니다.

탕
탕
탕

왜요? 아직 소식 못 들었습니까?

들었어요. 우리가 회담에 참석하지 못하는 이유는 뭐죠?
아…… 그건.
긁적

*2+4 조약: 동 · 서독을 뜻하는 2, 영국, 프랑스, 미국, 소련을 뜻하는 4를 따서 2+4 조약이라고 함

한 달이 채 되지 않은
1990년 10월 3일
우리가 기다리는
그 발표겠지?
이 역사적인
발표는 누가 한대?
앙겔라 메르켈. 정부
부대변인이잖아.

오,
나오셨다.
팟
파팟

독일 통일을 발표하는
역사적인 순간에
앙겔라 메르켈이
있었습니다.
1990년 10월 3일,
동독은 서독에 흡수 합병되며 이로써 독일은
완전히 통일하는 것임을 밝힙니다. 통일
독일의 선거는 12월 2일 실시됩니다.
펑
펑

마침내 독일이 통일되었습니다. 거리는 통일에 대한 기쁨으로 넘쳐 났습니다.
통일 독일 만세!
통일이다!
드디어……
이 나라가 다시 합쳐졌어.
와아아아
독일이여
영원하라!
통일 독일 만세!

앙겔라가 독일의 통일을 발표하는 모습은 수십 차례 방송되었습니다. 그로 인해 사람들은 앙겔라의 얼굴을 제대로 기억할 수 있게 되었습니다.
NEWS
속보
독일, 통일되다!!
NEWS
속보
독일, 통일되다!!
NEWS
속보
독일, 통일되다!!
NEWS
속보
독일, 통일되다!!

한편, 통일 독일의 선거가 시작되었습니다. 동독 지역에도 서독 출신의 정치인이 후보로 나왔습니다.

동독 지역에 서독인들이 후보자로 나왔어. 동독 사람은 없는 건가?
그러게. 동독을 아는 사람이 동독에서 당선되어야 할 텐데.

저 말이 맞아. 아무도 도전하지 않는다면 내가 하자.
꾸욱
동독은 동독을 아는 사람이 의원이 되어야 합니다.
저는 동독 정부의 부대변인으로서 누구보다 동독에 대해 잘 알고 있습니다. 저를 뽑아 주십시오.
결국 앙겔라는 동독에 있는 메클렌부르크포어포메른주의 한 선거구에 출마했습니다.
앙겔라는 그곳에서 당선되어 의원이 되었습니다. 이때 앙겔라를 눈여겨본 사람이 있었습니다. 독일의 헬무트 콜 총리였습니다.

*상관: 직책상 자기보다 더 높은 자리에 있는 사람

현재 유일한
여성 장관이야.
콜 총리의 양녀라도
되나 보지.
흥~

장관님
들어오십니다.

여기 소장이시죠?
반가워요.
앞으로 여성, 청소년
문제에 대해서
함께 머리를
맞대어 봅시다.

아, 예.

표정이
왜 이러지?

무엇보다 사무소장이 앙겔라를 비난하는 데 앞장서고 있었습니다.

앙겔라는 먼저 부서의 질서를 바로잡아야 한다고 생각했습니다.
앙겔라는 사무소장을 그만두게 하였습니다.

소장님께서 나가게 된 이유는 근거 없는 소문을 퍼뜨려 직원들이 업무 수행을 제대로 하지 않았기 때문입니다.
직원들이 성의 없이 일하는 시늉만 하더군요.
그…… 그건…….

당신은 소장으로서 책임을 다하지 못했습니다. 그래서 해고하는 것입니다. 이유가 되었나요?
덜덜
사무소장을 해임한 후 앙겔라는 업무 파악에 열을 올렸습니다. 나중에는 직원들보다 더 전문가가 되었습니다.
이건 승인할 수 없습니다. 이 정책대로라면 취업에 있어 여성이 차별 받는 현실에서 더 나아가지 못합니다.
여성의 취업률과 퇴직률, 그리고 이직률을 포함해서 다시 보고서 작성하세요.

직원들은 더 이상 앙겔라를 무시할 수 없게 되었습니다.
일에 대해 잘 모를 거라고 생각하고 대충했는데 장관님이 빈틈이 없어.
나도 유치원 교육 복지에 대해서 조사하라는 지시를 받았어. 엄청 꼼꼼하셔.
앙겔라는 그 후 낙태 문제, 취업에 있어 양성 평등법, 3세 이상의 유치원 교육 보장, 청소년 보호법, 여성 실업 등 많은 문제를 해결하였습니다. 그 결과 앙겔라는 단번에 정치권의 샛별로 떠올랐습니다.

통합 지식+ 6

앙겔라 메르켈의 발자취

앙겔라 메르켈의 아버지가 목사로 있던 동독 지역 교회 © Olaf Meister

앙겔라 메르켈은 사회주의인 동독에서 가난한 종교인의 딸로 자랐습니다. 다른 사회주의 국가와 마찬가지로 동독 또한 종교를 좋아하지 않아서 종교인을 교묘하게 탄압했고, 이런 상황에서 앙겔라의 가족도 어려움을 겪어야 했습니다. 하지만 앙겔라는 불평을 하기보다는 자신이 할 수 있는 일, 해야 할 일을 생각하고 실천해 나갔고, 결국 독일 최초의 여성 총리이자 최연소 총리가 되었지요. 앙겔라의 리더십은 '권력을 과시하지 않으면서도 힘 있는 정책을 편다.'는 뜻의 '메르켈리즘'이라는 신조어가 생겨날 정도로 인정을 받았습니다. 그럼 지금부터 앙겔라 메르켈의 인생에서 중요한 부분들을 살펴봅시다.

하나 독일 함부르크

함부르크는 북해를 접하고 있으며, 유럽에서 세 번째로 큰 항구 도시입니다. 우리에게 익숙한 패스트푸드인 햄버거의 명칭이 이 도시의 소고기 요리에서 유래한 것으로 잘 알려져 있습니다.

항구 도시 함부르크의 시내 풍경

제2차 세계 대전에서 독일이 패하자, 독일은 동서로 나뉘었고 함부르크에서 동쪽으로 50킬로미터 떨어진 곳에 동독과의 경계선이 설치되었습니다. 함부르크는 영국의 점령 통치를 받다가 1949년에 서독 정부가 수립된 후 서독 연방의 한 주가 되었습니다.

그로부터 5년 후, 1954년 7월 17일 함부르크에서 앙겔라 메르켈이 태어났습니다. 함부르크는 자유로운 서독의 영토였고 동독과의 국경선에 가까워 몰래 넘어오는 동독 사람들이 많았지만, 앙겔라의 가족은 이와는 반대로 함부르크를 떠나 동독으로 갔습니다.
목사였던 아버지가 목회 활동을 위해 가족들을 데리고 동독으로 이주했기 때문입니다. 앙겔라는 이렇게 첫 번째 생일도 맞기 전에 고향을 떠나 동독에서 성장하게 되었습니다.

앙겔라 메르켈의 모교인 라이프치히 대학교

둘 물리학자

앙겔라는 명문으로 꼽히는 라이프치히 카를 마르크스 대학교에서 1973년부터 1978년까지 물리학을 공부하여 석사 학위를 받았습니다. 이 시기에 같이 물리학을 공부하던 울리히 메르켈을 만나 24세에 결혼했는데, 이때부터 아버지의 성 '카스너' 대신 남편의 성 '메르켈'을 사용하고 있습니다.
뛰어난 학생이었던 앙겔라는 졸업을 앞둔 시기에 비밀경찰 슈타지의 접근을 받기도 했습니다. 슈타지는 주변 사람들을 감시하고 보고하는 활동을 하라고 제안했지요.
하지만 자유를 억압하는 동독의 체제에 반감을 가지고 있던 앙겔라는 비밀을 잘 지키지 못한다는 핑계를 들어 거절했습니다.
1978년부터 1990년까지 앙겔라는 베를린 동남쪽 지역 아들러스호프에 있는 동독의 학술 아카데미 산하 물리 화학 연구소에서 연구원으로 일했습니다. 이 사이에 남편과 4년간의 결혼 생활을 끝냈고, 양자 화학 분야의 박사 학위를 받기도 했습니다.

현재 기념관이 된 슈타지의 정치범 수용소 © Nstannik

셋 난민 포용 정책

2015년 9월, 세 살짜리 어린이의 사진 한 장이 전 세계 사람들을 울렸습니다. 바로 시리아 난민 아일란 쿠르디의 사진이었습니다. 아일란은 가족들과 함께 내전을 피해 고국을 탈출했다가 배가 난파되어 튀르키예 해변에서 죽음을 맞았는데, 튀르키예 신문사가 전쟁의 참상과 난민 문제의 심각성을 알리기 위해 그 모습을 공개한 것입니다.

아일란 쿠르디를 추모하는 거리의 벽화 © Paul Lenz

당시 유럽에는 시리아, 레바논 등에서 벌어지던 내전과 IS 테러를 피해 삶의 터전을 등지고 떠돌던 난민들이 많았습니다. 특히 시리아 난민들은 수십만 명에 달했습니다. 하지만 선뜻 난민을 받아들이겠다고 나서는 나라는 없었습니다. 난민들을 받아들이고 살아갈 수 있도록 돕는 데는 막대한 자금이 들고, 이들이 자국민의 일자리를 차지하는 문제가 생길 수도 있었습니다.

그러던 와중에 앙겔라는 난민을 무제한으로 수용하는 파격적인 결정을 내리고, 2년 동안 난민 백만 명을 받아들였습니다. 유럽 연합의 다른 나라에도 적극적으로 나설 것을 촉구하여 난민 수용에 대한 합의도 이끌어 냈지요.

튀르키예 국경 지역의 시리아 난민 캠프

그 후 독일 젊은이들이 난민에게 일자리를 뺏기고 독일의 수용 능력도 한계에 다다르자, 앙겔라는 결국 2017년 10월 난민을 연 20만 명으로 제한하는 법안에 동의했습니다. 하지만 조건 없이 난민을 포용하는 앙겔라의 결단이 인도주의를 실천하는 리더의 모습이었다는 사실에는 변함이 없습니다.

넷 대연정

앙겔라가 처음 총리에 선출된 2005년에는 '헝 의회'가 발생했습니다. 이는 의원 내각제에서 어떤 정당도 의회 과반수를 넘기지 못한 상태로, 이렇게 되면 집권당이 정부 정책을 제대로 추진하기가 어렵게 됩니다. 그 때문에 헝 의회 상태에서는 정당 간 연합이 빈번하게 이루어집니다.

2005년, 기민 • 기사당과 사민당의 대연정 합의

앙겔라가 다른 정당과 함께 정부를 구성해야 했던 이유 역시 여기에 있습니다. 그런데 앙겔라의 연정은 성격이 조금 달랐습니다. 정당 간 합당이나 연합은 비슷한 성향을 가진 정당끼리 이루어지는데, 기민 · 기사당과 사민당은 정책 방향에 차이가 있었습니다. 앙겔라의 당인 기민당과 자매 정당인 기사당은 보수 성향이었고, 사민당은 진보적인 성향을 띠고 있었지요.

앙겔라는 상대 당이 어떤 정책을 제시하느냐가 더 중요하다고 판단했습니다. 꼭 필요하고 효과적인 정책이라면 당을 초월하여 채택하겠다는 생각이었지요. 실제로 앙겔라는 사민당의 정책 중 좋다고 생각하는 정책들은 적극적으로 받아들였는데, 대부분이 노동 정책이었습니다.

이렇게 이념이 다른 정당들이 연합하여 함께 정부를 구성하는 것을 대연정이라고 합니다. 앙겔라 집권하의 독일 정치를 한마디로 표현하면 대연정입니다. 앙겔라는 대연정을 통한 정책 공유로 불필요한 정치적 세력 다툼을 줄이고 빠르게 국론을 모아 정책을 추진할 수 있었습니다.

7 독일의 1인자가 되다

1994년 앙겔라는 환경부 장관이 되었습니다. 이는 여성 청소년부에서 보여 준 그의 능력이 인정받았기 때문이었습니다. 하지만 앙겔라는 환경부 장관이 되어서도 순탄치 않았습니다.

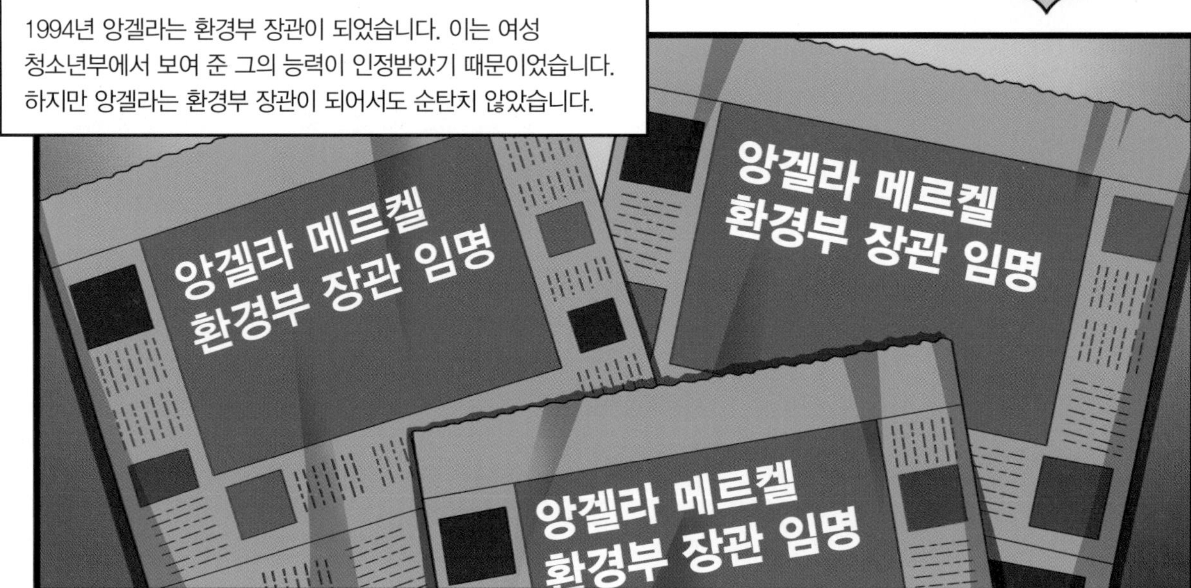

전 환경부 장관 퇴퍼는 환경 전문가로 환경 단체와 시민들에게 절대적 지지를 받던 사람이었습니다. 하지만 앙겔라는 환경 쪽에 경력이 없어서 사람들은 앙겔라를 의심했습니다.

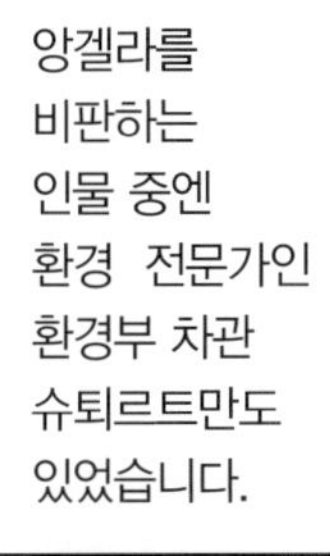
앙겔라를
비판하는
인물 중엔
환경 전문가인
환경부 차관
슈퇴르트만도
있었습니다.

장관께서 내놓는 환경 정책은
도저히 따를 수가 없군요. 조금이라도
환경에 대해 아신다면 그런 정책들은
내놓지 않을 겁니다.

환경 오염을
줄이기 위해 여과기가 달린
자동차가 아니면 운행을
중단하자는 게 그렇게 이상한
정책인가요?
경제부나 교통부에서
반대하겠지요. 우선
저부터 반대하고요.

난 환경부 장관이고 이 나라의 환경이 좋아지는
일이라면 계속 주장할 겁니다. 내각 회의에서 어떻게
결정이 나든 그건 그때 가서 생각해야죠.
미리 겁먹고 뒤로 물러설 필요는 없잖아요.
안 될 게 뻔하니까
드리는 말씀이죠.

내가 하려는 일마다
반대시군요. 좋습니다.
나와 일하기 싫은 모양인데
나가게 해 드리지요!
획

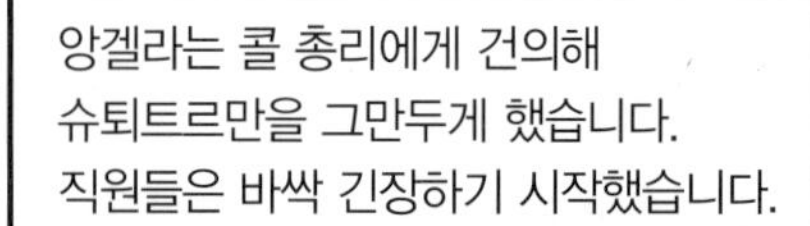

그 무렵 유엔 기후 정상 회의가 베를린에서 열렸습니다.
환경부 장관으로서 능력을 의심받고 있던 앙겔라에겐
능력을 보여 줄 절호의 기회였습니다.

앙겔라는 유엔 기후 정상 회의
기간 동안 130여 개국의
대표를 만나며 의견을
조율했습니다.

각 나라의 이해관계에 따라
130여 개국은 서로 다른
의견을 쏟아 내었습니다.
앙겔라는 주최국 환경부
장관으로 각 나라의
대표단들과 회의를
계속했습니다.

왜 우리나라가
더 많은 책임을
져야 하죠?

경제 발전을 추구하다가
환경을 등한시한 책임이
다른 나라보다 크니까요.

앙겔라는 매일 늦은 시간까지 일하느라
많이 지쳐 있었습니다.
부아앙앙!!!!

장관님.
동이 터 옵니다.
밤을 새셨는데 집에
모셔다 드릴까요?

환경부
집무실로……
가요. 일해야
해요.
꾸벅
꾸벅

2주간의 토론 끝에 마침내 유엔 기후 정상 회의에서는 온실가스를 줄여야 한다는 베를린 협약을 채택합니다.
유엔 기후 정상회의
기후 정상 회의에 참여해 주신 각국의 대표단들께 감사드립니다. 지구 온난화를 막기 위해 온실가스 배출을 줄이자는 데 마침내 합의하였습니다.

앙겔라는 자신의 능력을 보여 주며 정치적으로 인정받게 됩니다. 집권당인 기민당 내에서도 앙겔라는 점점 유명해졌습니다.
앙겔라 메르켈 알지? 능력 있더라고.
콜의 양녀라고 놀림당하던 사람?
이제 아무도 비웃지 못할 걸세. 무슨 일을 시켜도 척척 해낸다니까.

3년 후. 1998년 정권을 잡고 있던 기민·기사당 연합이 선거에서 패배합니다.
저는 오늘로 총리직에서 물러납니다. 국민의 뜻을 겸허히 받아들이겠습니다. 지금껏 성원해 주신 국민 여러분께 감사드립니다.

기민·기사당 연합의 선거 패배 이후 기민당 내에서는 선거전을 이끌었던 정치인들이 줄줄이 그만두었습니다.
이번 선거에 책임을 지고 자리에서 물러납니다.
저도요.
저도.

당이 새롭게 만들어지면서 콜은 명예 총재가 되었고, 쇼이블레가 당 대표가 되었습니다. 앙겔라는 사무총장으로 발탁되었습니다. 앙겔라가 당의 2인자가 된 것입니다.
와아
기민당 전당대회
여러분의 선택이 필요합니다!
와아아아

여러분의 선택이 필요합니다!
와아
와아
앙겔라는 정치에 뛰어든 지 얼마 되지도 않았는데 당 사무총장까지 올라갔네.
웬만한 사람들은 다 그만두었으니.

그 무렵 콜이 총리 시절, 기민당의 재정 담당 위원이었던 키에프가 경찰에 체포되는 일이 발생합니다.

키에프는 경찰 조사 과정에서 충격적인 진술을 쏟아 내었습니다.

키에프가
받은 뇌물이
기민당에 흘러
들어갔다고?
이건 비리 아닌가?
콜의 양녀라는
앙겔라도 알고
있었던 것 아냐?
앙겔라는 고민에 빠졌습니다. 자기에게 콜은
은인이었지만 비리를 옹호할 순 없었습니다.
이건 옳고 그름의 문제야.
나는 옳은 일을 해야 해.

관련 서류를 다 찾아봤지만
기민당으로 들어온 돈은 없습니다.
이것은 콜의 비자금입니다! 콜이 총리로 재직하던 시절
만들어 놓은 비자금 통장으로
들어간 것입니다!

앙겔라는 콜을 비난했습니다. 그뿐만 아니었습니다. 기민당 대표인 쇼이블레 역시 10만 마르크를 뇌물로 받았다는 사실이 알려졌습니다.
기민당은 다시 태어나야 합니다. 뇌물이나 받는 사람들이 이 당을 더 망가뜨리지 않게 해야 합니다!

기민당을 개혁해야 합니다. 그래야만 국민들이 우리에게 기회를 줄 것입니다.

콜의 양녀라던 앙겔라 메르켈이 제일 격렬하게 콜을 비판하던걸?
기민당에서 중요한 자리에 있는 사람 중에 뇌물을 받지 않은 건 앙겔라 메르켈 뿐이야.

앙겔라 메르켈은 2004년 4월 기민당의 대표가 되었으며, 2005년 9월 18일, 독일 총선에서 승리하며 독일의 총리가 되었습니다. 독일 최초의 여성 총리였습니다.
NEWS 당선 메르켈
NEWS 총리 메르켈
기민·기사당 연합이 사민·녹색 연합 정부로부터 정권을 되찾았습니다.
여성 총리 메르켈 탄생
메르켈 정부
독일 최초의 여성 총
앙겔라 메르켈이 독일의 새로운 총리입니다.
앙겔라 메르켈 총리의 연설입니다.
지난 정부의 개혁을 높게 평가합니다. 사민·녹색 연합 정부에서 추진한 정책들 중에서 좋은 정책들은 이어 갈 것입니다.

웅성
웅성
사민당은 좋겠는걸? 그런데 이러면 사민당 지지자가 사민당을 반드시 뽑아야 할 이유가 없잖아?
방금 상대 당을 칭찬한 거야? 이러면 기민당의 색깔이 없어지잖아?
앙겔라는 야당을 감싸 주는 모습을 보였습니다. 그러자 다른 당에서도 앙겔라를 칭찬했고 의견이 통일되었습니다.
좋은 정책은 정당과 관계없습니다. 어떤 당이든 좋은 정책들은 눈여겨보고 있습니다.
인재가 있다면 당을 가리지 않고 쓰겠습니다. 이것은 다른 당을 지지한 국민들에 대한 존중입니다.
앙겔라는 16개의 장관직 중 6개를 다른 당에 맡겼습니다.

순탄할 것처럼 보였던 앙겔라에게 위기가 닥쳤습니다. 2008년 미국에서부터 시작된 세계 금융 위기였습니다. 회사가 잇달아 문을 닫는 등 심각한 상황이었습니다.
매매 50% 세일
Big
임대
임대
매매
매매
매매
매매
휘이이잉
앙겔라는 유럽 금융 위기를 벗어나는 데 앞장섰습니다. 회의를 열고 경제적 지원을 아끼지 않았습니다.
독일이 중심이 되어 이 위기를 반드시 이겨 내겠습니다.
EU
앙겔라는 자연스럽게 독일을 *유로존의 리더로 만들었습니다. 앙겔라는 이제 유럽을 대표하는 세계적인 리더에 올라섰습니다.
*유로존: 유럽 연합의 법정 화폐인 유로를 공식 통화로 사용하는 국가나 지역

2011년 3월 11일, 일본 후쿠시마에 쓰나미와
진도 9의 강한 지진이 발생했습니다.
쏴아아아

쓰나미는 후쿠시마의 원자력 발전소에
타격을 주었고,
퍼펑펑

원자력 발전소가 파괴되자 방사능이 유출되어
후쿠시마 일대는 죽음의 땅으로 변했습니다.

이 일은 원자력 에너지를 옹호하던
앙겔라를 변화시켰습니다. 앙겔라는
원자력 발전소를 폐쇄할 것을
선언했습니다.
가장 중요한 것은 국민의 안전입니다.

총리가 원전 폐쇄를 결정했어. 벌써 17기 중 8기를 폐쇄했대.
안전을 위해 생각을 바꾸다니 정말 감동적이야.

앙겔라는 한 나라를 대표하는 정치인이었지만, 슈퍼마켓에서 물건을 사고 줄을 서서 계산하는 등 친근한 이웃이기도 하였습니다.
어머, 앙겔라 총리 아니세요?

앙겔라는 독일인들의 사랑을 받으며 잇따라 세 번이나 총리에 당선되었습니다.
앙겔라
앙겔라
앙겔라

2015년 3월, 앙겔라는 일본을 방문해 강연장에서 일본의 역사 왜곡에 대해 따끔하게 질책하기도 하였습니다.
일본이 역사 문제로 인한 중국 및 한국과의 갈등을 어떻게 극복해야 하는지
비슷한 역사를 가진 독일 총리의 입장에서 말씀해 주시겠습니까?

역사를 마주보아야 합니다. 독일은 과거의 잘못에 대해 진심으로 사과하였고…….
주변국들은 용서해 주었습니다. 일본은 우선 위안부 문제를 조속히 해결해야겠지요.
쿨럭

앙겔라 메르켈은 당을 구분하지 않고 좋은 정책은 모두 수용했고
금융 위기 때 독일을 유럽의 리더로 만들었습니다.
또한 독일의 안전을 생각해 원전을 모두 없애겠다고 약속했습니다.
또한 여느 독일인처럼 축구를 사랑하는 모습과 엄마처럼
따뜻한 포용력을 보여줌으로써 독일인들의 마음까지 얻을 수 있었습니다.
국가 지도자로서의 강직한 성품과 엄마 같은 친근함을 동시에 갖춘
앙겔라 메르켈의 인생은 이미 역사 속에 자리해 별처럼 반짝이고 있습니다.

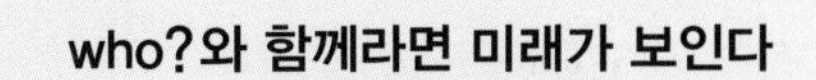

어린이 진로 탐색

국무총리

어린이 친구들 안녕?
앙겔라 메르켈 이야기,
모두 재미있게 읽었나요?

그렇다면 이제부터 **앙겔라 메르켈**이
꿈을 키워 가는 과정을 함께 되짚어 보며,
그가 활동한 분야와 그 분야에 속한 다양한 직업에 대해
살펴봐요!

또한 여러분에게는 어떤 장점과 적성, 가능성이 숨어 있는지
찾아보면서 그것을 어떻게 진로와 연결시킬 수 있는지에
대해서도 알아봅시다!

그럼 지금부터 여러분이 멋진 꿈을 향해 나아갈 수 있도록
도와줄 진로 탐색을 시작해 볼까요?

자기 이해부터
진로 체험까지,
다양한 진로 탐색
활동을 시작해 봐요!

총리란 어떤 일을 할까요?

총리는 의회 다수당이 행정부를 구성하는 정치 체제인 의원 내각제에서 정부의 우두머리를 일컫습니다. 나라에 따라 수상이라고 부르기도 하고, 우리나라처럼 대통령제를 채택하고 있는 나라에서는 국무총리의 줄임 말로 쓰이기도 합니다. 총리는 '전체를 모두 관리한다.'라는 뜻을 담고 있습니다. 총리가 하는 일은 정치 체제에 따라 다릅니다. 그럼 독일과 우리나라의 총리가 각각 어떤 일을 하는지 알아볼까요?

	독일의 총리	우리나라의 총리
선출	연방 하원에서 재적 과반수의 득표로 선출함	국회 동의를 얻어 대통령이 임명함
임기	4년 중임제	정해진 기간이 없음
해임	하원 의회가 논의하여 임무를 그만두게 할 수 있음	대통령이 임무를 그만두게 할 수 있음
역할과 권한	–행정부의 수장으로서 내각을 이끎 –연방 정부의 국정 방향과 정부 정책을 계획하고, 정부 정책 시행의 결과를 책임짐 –연방 정부 각 행정 부처의 수와 각 부처가 담당하는 업무를 결정하고, 장관의 임명과 해임의 권한을 가짐 –국무 회의 의장을 맡음	–행정부의 2인자로서 대통령을 보좌하여 교육부, 외교부, 국방부, 환경부, 법무부 등 모든 중앙 행정 기관을 지휘하고 감독함 –대통령이 업무를 수행할 수 없을 때 대통령의 권한을 대행함 –대통령의 승인을 얻어 중앙 행정 기관장의 명령이나 처분을 중지하거나 취소할 수 있음 –국무 회의 부의장을 맡음

총리가 되려면 어떤 성격을 가져야 할까요?

앙겔라 메르켈이 정치에 몸담은 지 얼마 되지 않았을 때는 많은 사람들이 그의 능력을 믿지 않았고, 정치적 스승인 헬무트 콜 총리 덕분에 출세를 했다며 뒤에서 수군거렸습니다.
하지만 앙겔라는 특유의 결단력과 포용력으로 이런 의심과 불신을 이겨 내고 자기 능력을 입증하여, 유럽뿐 아니라 전 세계적으로 훌륭한 리더십을 가진 정치인으로 평가받았습니다. 그렇다면 앙겔라 같은 훌륭한 총리가 되려면 어떤 성격을 가져야 하는지 생각해 보세요.

총리가 되기 위해 필요한 성격

-
-
-
-
-
-

잘 지내고 싶은 이웃 나라는 어디인가요?

우리나라와 지리적으로 가까운 나라는 중국, 일본, 러시아 등이 있습니다. 지리적으로는 멀지만 우리나라의 정치와 경제에 큰 영향을 미치는 나라로는 미국이 있지요. 우리는 이런 나라와 역사적, 문화적으로 늘 서로 긴밀한 관계를 맺어 왔습니다.

총리는 해외 순방을 하거나 외국 귀빈이나 외교단을 접견하는 등 외교 활동을 합니다. 여러분이 총리가 되면 이웃 나라 중에 특별히 잘 지내고 싶은 나라가 있나요? 있다면 그 이유는 무엇인지 생각해 보세요.

중국	일본
인구 : 14억 2,567만 명 (세계 2위) 언어 : 중국어 수도 : 베이징 정치 체제 : 사회주의 당국가 체제 국토 면적 : 9억 6천만ha (세계 4위)	인구 : 1억 2,629만명 (세계 12위) 언어 : 일본어 수도 : 도쿄 정치 체제 : 의원 내각제 국토 면적 : 3,779만ha (세계 61위)
러시아	**미국**
인구 : 1억 4,444만 명 (세계 9위) 언어 : 러시아 수도 : 모스크바 정치 체제 : 대통령제 국토 면적 : 17억 982만ha (세계 1위)	인구 : 3억 3,997만 명 (세계 3위) 언어 : 영어 수도 : 워싱턴 D.C. 정치 체제 : 대통령제 국토 면적 : 9억 8,315만ha (세계 3위)

※2023년 통계청 KOSIS 기준

잘 지내고 싶은 나라:

이유:

내가 총리라면 어떤 선택을 할까요?

앙겔라 메르켈은 '난민의 어머니'라고 불리기도 합니다. 유럽 연합 지도자 중 가장 먼저 시리아 난민 포용 정책을 펼쳤기 때문입니다. 이슬람을 믿는 시리아 난민을 받아들이는 것은 문화적, 종교적 갈등과 경제적인 부담을 각오해야 하는 일이었습니다. 그래서 난민 수용을 추진하면서 앙겔라의 정치적 기반인 대연정이 흔들리고 지지도가 떨어지기도 했습니다.

하지만 앙겔라는 이에 굴하지 않고 인도주의를 실천해 난민을 받아들였습니다. 2018년, 우리나라 제주도에도 500여 명의 예멘 사람들이 입국해 난민 신청을 했습니다. 만약 내가 총리라면 이 같은 문제에 대해 어떤 선택을 할까요? 그 이유도 함께 써 보세요.

나의 선택:

이유:

우리나라 국무총리에 대해 알아봐요!

우리나라 정부는 국무총리를 보좌하는 기능을 하는 여러 기관을 두고 있습니다. 국무총리에게 직접적으로 소속되어 있는 이 직속 기구들의 주요 업무에 대해 살펴봅시다.

직속 기구	주요 업무
국무 조정실	중앙 행정 기관 감독, 정책 조정, 사회 위험 관리, 정부 업무 평가 등을 수행함
국무총리 비서실	국무총리의 국회 관련 활동, 여당과 정부의 협조를 돕고, 국정 자문 업무를 담당함
국가 보훈처	국가 유공자, 참전 군인, 제대 군인의 지원 사업을 시행함
인사 혁신처	공무원 인사, 공직 윤리, 연금 등과 관련한 업무를 전담함
법제처	정부의 입법 활동을 총괄, 관리하고 법률과 명령을 해석함
식품 의약품 안전처	식품, 의약품, 마약 등의 안전 관리에 관한 사무를 관장함
공정 거래 위원회	독점 및 불공정 거래에 관한 일을 감독하고 감시함
금융 위원회	국내 금융 정책을 총괄하는 금융 분야 최고 의사결정 기구
국민 권익 위원회	국민 민원 처리, 행정제도 개선, 부패 방지 등의 업무를 수행함
원자력 안전 위원회	원자력 안전 규제에 관련한 일을 독립적으로 담당함

국무총리가 어떤 일을 하는지 더 자세히 알게 되었지요?
그렇다면 지금 우리나라의 국무총리가 누구인지 알아보세요.

우리나라의 국무총리

이름:

국무총리의 이전 직업은 ______________ 입니다.

국무총리의 특징은 ______________ 입니다.

국무총리가 가장 최근에 한 일은 ______________ 입니다.

작은 독일, 주한 독일 대사관

현재 주한 독일 대사관이 있는 서울 스퀘어 빌딩 © Minseong Kim

주한 독일 대사관은 독일 외교 사절단이 생활하는 공관입니다. 독일과 우리나라는 1883년 '한독 통상 우호 항해 조약'으로 외교 관계를 맺기 시작했습니다. 독일은 이듬해 서울에 총영사관을 열었지만 일제 강점기 때 폐쇄했고, 1956년 다시 총영사관을 개설하고 2년 후 대사관이 되었습니다.

대사관은 자국민 보호, 자국 홍보, 학술 · 문화 교류, 정보 수집, 경제 · 통상 업무 등을 수행합니다. 독일 대사관에서는 대사 아래에 있는 정치부, 영사부, 경제부 등 총 일곱 개의 부서가 이와 같은 일을 맡아 하고 있지요.

보통 일반 시민은 견학이나 비자 발급 목적으로 방문하는데, 여권, 공증, 비자 등의 업무는 먼저 온라인으로 예약을 하고 보안 검사를 받아야 출입할 수 있습니다.

독일 대사관의 홈페이지는 독일의 정치, 경제, 문화 · 교육, 과학 · 연구 · 기술에 대해 소개하고, 우리나라에 있는 여러 독일 기관들도 정리해 놓았습니다. 이와 관련해 궁금한 점을 '문의하기' 메뉴를 이용해 질문하면 이메일로 답장을 주기도 한답니다.

주한 독일 대사관

* **주소:** 서울특별시 중구 한강대로 416 (서울스퀘어빌딩 8층), 04637
* **전화번호:** 02-748-4114
* **홈페이지:** www.seoul.diplo.de/kr-ko
* **이메일:** info@seoul.diplo.de

연표

앙겔라 메르켈

1954년	서독 함부르크에서 태어나 동독으로 이주했습니다.
1972년 18세	베트남을 위한 학예회에서 영어로 노래를 부르고 징계를 받았습니다.
1977년 23세	라이프치히 대학에서 물리학을 전공하고 울리히 메르켈과 결혼하였습니다.
1978년 24세	베를린 과학 아카데미 산하 물리 화학 연구소에서 근무를 시작합니다.
1982년 28세	남편과 이혼합니다.
1989년 35세	통일 독일을 대비하기 위해 탄생한 정당 민주 변혁에 가입합니다. 그 후 민주 변혁의 대변인이 됩니다.
1990년 36세	12년간 다녔던 직장을 그만두고 본격적으로 정치에 뛰어듭니다. 민주 변혁은 선거에서 패배했으나 합당을 통해 로타어 데 메지에르 정권의 부대변인이 됩니다. 10월 3일 동독 지역에서 독일의 통일을 발표합니다.
1991년 37세	통일 독일의 헬무트 콜 정부 여성 청소년부 장관이 됩니다. 최연소 장관이었습니다.
1994년 40세	환경부 장관으로 유엔 기구 정상 회의를 성공적으로 주도합니다.
1998년 44세	콜과 기민당 내의 비리를 비난하며 여성 최초 기민당 사무총장이 됩니다. 당내 2인자의 자리였습니다. 요하임 자우어와 재혼합니다.

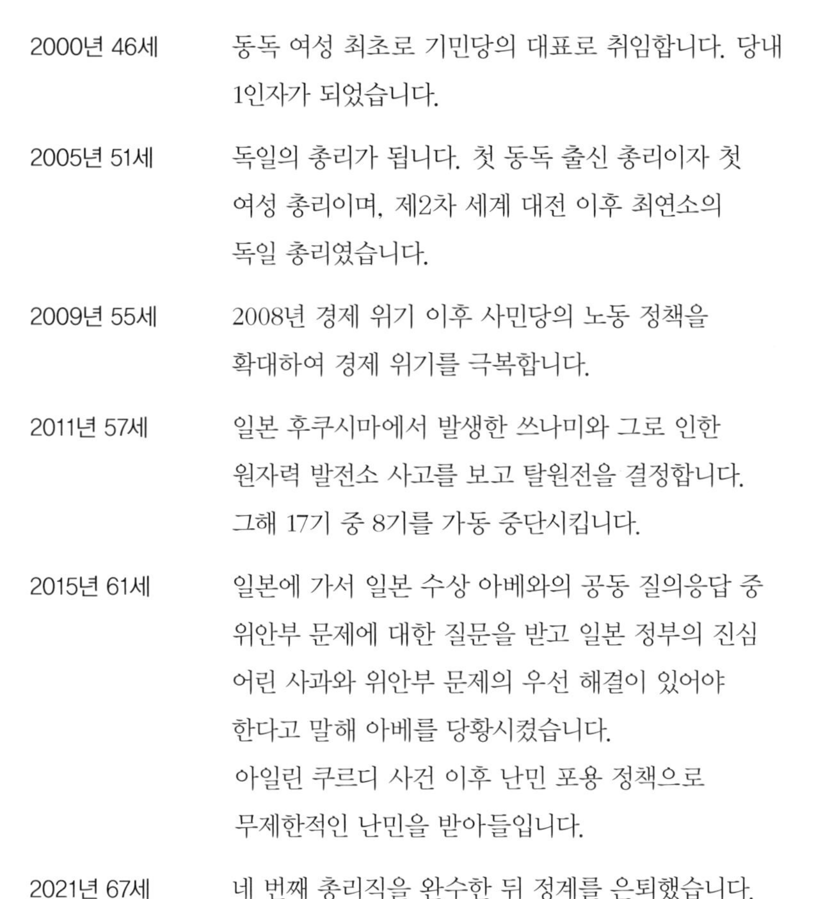

2000년 46세 동독 여성 최초로 기민당의 대표로 취임합니다. 당내 1인자가 되었습니다.

2005년 51세 독일의 총리가 됩니다. 첫 동독 출신 총리이자 첫 여성 총리이며, 제2차 세계 대전 이후 최연소의 독일 총리였습니다.

2009년 55세 2008년 경제 위기 이후 사민당의 노동 정책을 확대하여 경제 위기를 극복합니다.

2011년 57세 일본 후쿠시마에서 발생한 쓰나미와 그로 인한 원자력 발전소 사고를 보고 탈원전을 결정합니다. 그해 17기 중 8기를 가동 중단시킵니다.

2015년 61세 일본에 가서 일본 수상 아베와의 공동 질의응답 중 위안부 문제에 대한 질문을 받고 일본 정부의 진심 어린 사과와 위안부 문제의 우선 해결이 있어야 한다고 말해 아베를 당황시켰습니다.
아일린 쿠르디 사건 이후 난민 포용 정책으로 무제한적인 난민을 받아들입니다.

2021년 67세 네 번째 총리직을 완수한 뒤 정계를 은퇴했습니다.

찾아보기

who? 한국사

초등 역사 공부의 첫 단추! '인물'을 알아야 시대가 보인다

● 선사·삼국 ● 남북국 ● 고려 ● 조선

01 단군·주몽
02 혁거세·온조
03 근초고왕
04 광개토 대왕
05 진흥왕
06 의자왕·계백
07 연개소문
08 김유신
09 대조영
10 원효·의상
11 장보고
12 최치원
13 견훤·궁예
14 왕건
15 서희·강감찬
16 묘청·김부식
17 의천·지눌
18 최충헌
19 공민왕
20 정몽주
21 이성계·이방원
22 정도전
23 세종 대왕
24 김종서·세조
25 조광조
26 이황·이이
27 신사임당·허난설헌
28 이순신
29 광해군
30 김홍도·신윤복
31 정조
32 김만덕·임상옥
33 정여립·홍경래
34 박지원
35 정약용
36 최제우·최시형
37 김정호·지석영
38 전봉준
39 김옥균
40 흥선 대원군·명성 황후
41 허준
42 선덕 여왕
43 윤봉길
44 안중근
45 유관순
46 을지문덕
47 홍범도

※ who? 한국사(전 47권) | 대상 초등학교 전 학년 | 책 크기 188×255 | 각 권 페이지 190쪽 내외

who? 인물 중국사

인물로 배우는 최고의 역사 이야기

01 문왕·무왕
02 강태공·관중
03 공자·맹자
04 노자·장자
05 한비자·진시황
06 유방·항우
07 한 무제·사마천
08 조조·유비
09 제갈량·사마의
10 왕희지·도연명
11 당 태종·측천무후
12 현장 법사
13 이백·두보
14 왕안석·소동파
15 주희·왕양명
16 칭기즈 칸
17 주원장·영락제
18 정화
19 강희제·건륭제
20 임칙서·홍수전
21 증국번·호설암
22 서 태후·이홍장
23 캉유웨이·위안스카이
24 쑨원
25 루쉰
26 장제스·쑹칭링
27 마오쩌둥
28 저우언라이
29 덩샤오핑
30 시진핑

※ who? 인물 중국사(전 30권) | 대상 초등학교 전 학년 | 책 크기 188×255 | 각 권 페이지 190쪽 내외

who? 아티스트

최고의 명작을 탄생시킨 아티스트들을 만나다

● 문화·예술·언론·스포츠

01 조앤 롤링
02 빈센트 반 고흐
03 월트 디즈니
04 레오나르도 다빈치
05 오프라 윈프리
06 마이클 잭슨
07 코코 샤넬
08 스티븐 스필버그
09 루트비히 판 베토벤
10 안토니 가우디
11 김연아
12 오드리 헵번
13 찰리 채플린
14 펠레
15 레프 톨스토이
16 버지니아 울프
17 마이클 조던
18 정명훈
19 한스 크리스티안 안데르센
20 미야자키 하야오
21 강수진
22 마크 트웨인
23 리오넬 메시
24 이사도라 덩컨
25 앤디 워홀
26 백남준
27 마일스 데이비스
28 안도 다다오
29 조지프 퓰리처
30 프리다 칼로
31 우사인 볼트
32 조성진
33 마리아 칼라스
34 오귀스트 로댕
35 오리아나 팔라치
36 프레데리크 쇼팽
37 시몬 드 보부아르
38 존 레넌
39 밥 말리
40 파블로 피카소

※ who? 아티스트(전 40권) | 대상 초등학교 전 학년 | 책 크기 188×255 | 각 권 페이지 190쪽 내외